Les métiers les plus insolites de l'histoire

Éditions Eyrolles
61, bd. Saint-Germain
75005 Paris
www.editions-eyrolles.com

Cet ouvrage est paru pour la première fois en 2022
aux éditions Vendémiaire dans la collection
« Chroniques », sous le titre
Petit dictionnaire des sales boulots.
La présente édition a été enrichie et mise à jour.

Mise en page : Nord Compo
Conseil éditorial : Alexandre Maujean

Depuis 1925, les éditions Eyrolles s'engagent en proposant des livres pour comprendre le monde, transmettre les savoirs et cultiver ses passions !
Pour continuer à accompagner toutes les générations à venir, nous travaillons de manière responsable, dans le respect de l'environnement. Nos imprimeurs sont ainsi choisis avec la plus grande attention, afin que nos ouvrages soient imprimés sur du papier issu de forêts gérées durablement. Nous veillons également à limiter le transport en privilégiant des imprimeurs locaux. Ainsi, 89 % de nos impressions se font en Europe, dont plus de la moitié en France.

ISBN : 978-2-416-01706-3

Nicolas Méra

Les métiers les plus insolites de l'histoire

Éditions
EYROLLES

« Qui a construit Thèbes aux sept portes ?
Dans les livres, on donne les noms des Rois.
Les Rois ont-ils traîné les blocs de pierre ? »

Bertolt Brecht

Précautions d'emploi(s)

Vous avez peut-être déjà entendu cette histoire : le mot « travail » tirerait son origine d'un terme latin désignant un ancien instrument de torture… En réalité, le *tripalium* n'était qu'un simple trépied en bois sur lequel, dans l'Antiquité, on immobilisait les animaux avant de les soigner ou de les ferrer. Reste la notion d'inconfort, d'immobilité. Qui pourrait le nier ? Le travail est souvent pénible, tant physiquement que moralement. C'est pourtant là que nous passons la majorité de notre vie active. En moyenne, les Européens y consacrent 37,5 heures par semaine, soit un total d'environ 70 000 heures avant la délivrance – de plus en plus incertaine – de la retraite. Si l'on ajoute à cela les heures sup, les délais de transport et les apéros ennuyeux entre collègues, cela signifie que l'on passe près d'un tiers de notre vie éveillée au travail.

Plus ou moins éveillée, je vous l'accorde.

Nous avons pris l'habitude de ce cycle. Le travail est une composante naturelle de la vie en société, et même de notre identité. Si vous faites la rencontre de quelqu'un, il y a de fortes chances pour que vous lui demandiez ce qu'il ou elle fait dans la vie avant de dériver sur ses centres d'intérêt, sa famille ou sa couleur favorite. Nos bavardages gravitent généralement autour de nos activités professionnelles car elles définissent nos quotidiens. Et si vous avez tendu l'oreille ces derniers temps, vous avez constaté que nos routines professionnelles s'expriment en termes de plus en plus péjoratifs. Pénibilité, surmenage et burn-out, pression managériale, anxiété, chômage de longue durée, emplois précaires ou *bullshit jobs*… Des mots qui invitent à repenser le rapport que l'humanité entretient avec le travail.

Ce dernier n'a pas toujours été considéré comme une peine. Avant qu'il existe des consultants en ressources humaines, des bilans comptables et des antidépresseurs, l'humanité tout entière était monoprofessionnelle, composée exclusivement de chasseurs-cueilleurs. Pendant 95 % de son histoire, l'homme s'est consacré à une seule activité, la plus cruciale qui soit : dénicher de la nourriture. Nos aïeux préhistoriques travaillaient environ 15 heures par semaine et se souciaient uniquement de subsistance. Collecte, chasse, pêche, cueillette, bricolage et charognage rythmaient leurs existences épanouies.

Quand le travail est-il devenu si aliénant ? Lorsque l'humanité a appris la culture des plantes et l'élevage des bêtes, il y a dix millénaires ? Depuis le servage institutionnalisé du travail paysan, caractéristique de l'Occident féodal ? Dans la foulée des révolutions industrielles ? Difficile d'identifier avec certitude le moment précis où la bascule s'est opérée : la pénibilité et la précarité du travail existent, semble-t-il, depuis presque aussi longtemps que le travail lui-même.

Certaines professions, très courues et respectées de nos jours, ne l'ont pas toujours été. Ainsi la chirurgie n'aurait-elle pas obtenu ses lettres de noblesse au XVIIIe siècle si le barbier-chirurgien ne s'était pas sali les mains tout au long du Moyen Âge. Même constat pour l'obstétrique, la pharmacie ou la dentisterie. À bien observer les premiers pas de certains corps de métier, on constate qu'ils furent autant d'étapes nécessaires à l'avènement d'une science ou d'un savoir-faire… Malgré tous les errements et accidents qu'ils ont pu causer.

Dans ce livre, j'ai cherché à donner la parole à celles et ceux qui occupaient ces métiers qu'on jugerait aujourd'hui dangereux, sales ou dégradants. Leur point commun ? Tous ces lève-tôt n'ont guère laissé d'empreinte dans l'histoire, si ce n'est celle de leur sang et de leur sueur. Avec eux, c'est tout un pan de la mémoire collective qui se réveille : une certaine idée de la vie, de la mort, du travail, du progrès, de l'amour, de l'avenir, de la société dans son ensemble. Et peut-être que cette escapade chez nos besogneux ancêtres, en montrant le chemin parcouru, permettra aussi de mesurer les progrès qui restent à accomplir.

Sommaire

Troisième partie
(Incon)sciences

Quatrième partie
Premiers de corvée

Cinquième partie
Le salaire de la peur

Sixième partie
Heures supplémentaires

PREMIÈRE PARTIE

Sales boulots

APPRENTI RAMONEUR

Le métier qui rentre

Apparue à la fin du XVIe siècle en Angleterre, la « fraternité noire » des ramoneurs a fort à faire dans les ténèbres de l'ère industrielle. Ce sont les bergers d'un cheptel de cheminées grandissant, poussant comme des champignons sur les toits de Londres, Paris ou Venise.

Voilà notre homme. Habillé d'une épaisse veste maculée de suie, coiffé d'une casquette, le visage noirci et émacié. Le ramoneur est accompagné d'un jeune garçon vêtu d'un accoutrement similaire, cousu dans du chiffon grossier ; il s'agit de son apprenti, dont il a la garde exclusive. On le surnomme en Angleterre *climbing boy*, le garçon qui grimpe (très rarement, le *climbing boy* est une fille). Le plus souvent, il s'agit d'un orphelin de six ans (certains témoignages font état de garçons de quatre ans à peine) confié par la paroisse à son maître afin de le soustraire à la pauvreté. Pari risqué, car son rôle consiste à s'introduire à l'intérieur des cheminées, épaissies de poussières, de cendres et de créosote, pour en faciliter le nettoyage – l'adulte étant généralement bien trop large pour s'y aventurer.

La tâche de l'apprenti est obscure à bien des égards. Il doit se contorsionner dans des conduits tordus et obstrués de poussières. Certains font moins de 20 centimètres de large. Il risque alors la suffocation, la chute ou pire, l'embrasement de la couche de suie amassée avec les années. Certains *climbing boys* restent coincés et meurent asphyxiés, leurs vêtements trop épais limitant leur mobilité. L'apprenti s'exécute pieds et mains nues : les pierres des conduits étant généralement brûlantes, le maître-ramoneur l'a habitué à cette chaleur en le faisant piétiner de la paille enflammée ou en frottant ses pieds avec de la saumure près d'une source de chaleur. Cela permet d'épaissir la peau d'une couche de corne qui le rendra peu à peu insensible aux brûlures. Avec le temps, l'apprenti ramoneur développe une habileté et une dextérité sans pareilles, qui s'avèrent bien utiles en d'autres circonstances : Henry Mayhew raconte, rançon de leur pauvreté, que certains deviennent « de téméraires cambrioleurs et voleurs[1] » avec une capacité sans égale à escalader les murs de leur geôle…

En dehors de leur temps de travail, les apprentis se restaurent (mais peu : ils doivent conserver une maigreur extrême), dorment et vivent chez leur maître, devenu leur tuteur à plein temps. Soumis à des impératifs légaux d'hygiène, le ramoneur est sommé de leur donner un bain au moins une fois par semaine : il n'est pas rare de voir certains s'en

---

1. Toutes les sources des citations sont à retrouver dans la bibliographie. Le numéro de page de la citation est notifié à la suite de l'ouvrage concerné.

passer, comme ce garçon de Nottingham avouant fièrement se laver trois fois l'an – pour Noël, la Pentecôte et la Foire de l'Oie.

Seulement voilà : le contact rapproché avec les cendres et les poussières vaut aux apprentis (et aux ramoneurs eux-mêmes) des afflictions sévères. D'abord les yeux brûlés par la suie, des soucis musculaires, colonnes vertébrales tordues, paralysies précoces et autres déformations du squelette. Mais surtout, le « carcinome du ramoneur », que la profession a baptisé « verrue de suie ». Il s'agit d'un cancer de la peau apparaissant au niveau du scrotum, à l'emplacement où la corde du ramoneur, couverte de suie et de goudron, lacère ses chairs. Traitée de manière expéditive au mercure, cette affliction sévère est d'abord confondue avec une maladie vénérienne, car elle se manifeste souvent après la puberté… Bien que la victime la plus jeune à succomber à cette maladie infâme, en 1790, soit âgée de huit ans !

Fort heureusement, la protection des professionnels ne tarde pas à évoluer. Le Parlement britannique fixe l'âge minimal de recrutement des apprentis à huit ans en 1788, 14 en 1834, puis 21 en 1840. En parallèle, les médecins appréhendent progressivement les effets cancérigènes du goudron de houille, traitant plus efficacement les cancers des ramoneurs. Quant aux apprentis eux-mêmes, ils commencent à être remplacés à la fin du siècle par des outils mécaniques, mais certains perdurent dans l'illégalité, entraînant force condamnations. Début XXe, ces travailleurs au noir ont définitivement disparu des toits de Londres.

CHASSEUR DE NUISIBLES

Chercher la petite bête

Parce qu'ils éventraient les sacs de grains, propageaient les maladies, transgressaient la moralité ou attaquaient les citadins, des millions d'animaux nuisibles ont été éliminés par l'homme. Cela ne date pas d'hier. Les sauterelles qui grouillent autour du Nil accablent les peuples de l'Égypte antique. Les moustiques pullulant dans les fossés et les fontaines de Rome propagent la malaria, à l'origine d'une hécatombe qui frappe sévèrement l'Empire en 450. Un certain nombre d'auteurs de l'Antiquité prennent le problème à bras-le-corps, proposant déjà des recettes antiparasitaires : mixtures à base de cendres, d'amurca, d'urine, élevage d'insectes prédateurs à proximité, combustion de galbanum, fumigènes… Mais les techniques, encore balbutiantes, ne portent pas vraiment leurs fruits. À commencer par les recommandations de prier ou de sacrifier régulièrement aux dieux de la fertilité !

Le Moyen Âge poursuit sa lutte contre la « vermine » sans davantage de succès. Les ruelles médiévales, encombrées de déchets de boucherie et d'excréments, attirent les nuisibles à l'intérieur des remparts. La toponymie des cités médiévales reflète aujourd'hui encore cette pollution : combien de rues Merderouille, du Cloaque, Pipi, du Bourbier, des Aysances ? En parallèle, les étals des charcutiers, des tanneurs et des tripiers font ruisseler le sang à même le pavé, pour le plus grand régal des vers et des rats. Même dans les cimetières, le dernier sommeil est troublé par les chiens et les loups qui rongent les os !

Curieusement, les tribunaux médiévaux font comparaître un certain nombre d'animaux devant le bras inquisiteur de la justice. En 1386, après neuf jours de procès, une truie ayant mutilé un nourrisson est pendue à Falaise. Les insectes sont également ciblés « par le dommage qu'ils faisaient aux biens de la terre » : au début du XIIe siècle, l'évêque de Laon excommunie les mulots et chenilles qui ont ravagé un champ, punition qui visera aussi des charançons et des sauterelles à Millières, cinq siècles plus tard. Inutile de dire que ce genre de punition n'empêche pas la récidive…

D'autres initiatives sont lancées pour lutter plus efficacement contre les nuisibles. Les chats, en particulier, traînent une mauvaise réputation au Moyen Âge : on les dit complices des hérétiques et associés du diable. Dans sa bulle pontificale *Vox in Rama* (1233), le pape Grégoire IX imagine le félin présidant des cérémonies maléfiques ! À Ypres, en Belgique, le Kattenstoet est une manifestation très populaire qui voit des citadins jeter des chats du haut du beffroi afin de se débarrasser des esprits malveillants. « Leur fausseté et leur malice sont bien connues », écrit Édouard, duc d'York, au début du XVe siècle. Certes, les massacres de chats noirs par l'Église tiennent de la fiction, mais on peut imaginer que l'animal n'est pas bienvenu dans les cités européennes… C'est dommage : les populations de rats s'en trouvent décuplées, et leurs puces propagent notamment la peste bubonique qui ampute d'un tiers la population européenne au XIVe siècle.

Les chiens errants sont également massacrés, généralement lors des épisodes de peste. En Angleterre, c'est la tâche des « fouetteurs de chiens » (d'ordinaire chargés de faire taire les animaux pendant les offices religieux… et de maintenir éveillés les paroissiens qui trouveraient les sermons trop soporifiques) que d'exterminer les bêtes enragées. On ne fait pas toujours la différence entre les espèces : en 1630, un certain John Campe est chargé d'éliminer chats, cochons, chiens et canards des rues de Norwich « à cause du danger de la contagion ».

Mais la palme de la « pestilence » revient sans aucun doute aux rats. C'est leur prolifération qui pousse un autre abatteur de nuisibles à travailler dur : l'attrapeur de rats a du pain sur la planche, en particulier dans les grandes villes industrielles du XIXe siècle. Dans l'Angleterre victorienne, un attrapeur nommé Jack Black est passé à la postérité. Son attirail : cages en fer, bouteilles d'arsenic, fox-terriers et furets. Les égouts et les caves de Londres grouillent alors de rongeurs : Jack Black en aurait attrapé pas moins de 700 sur une seule propriété de Camden Town ! Mais les risques sont grands, tant les morsures peuvent être sources d'infections et de blessures sévères. Heureusement, l'attrapeur arrondit son pécule en revendant ses prises vivantes à des taverniers peu scrupuleux : elles sont ensuite mises à mort lors de concours clandestins, tenus dans les sous-sols des pubs anglais. De nombreux clients s'y rassemblent dans l'illégalité pour miser sur le chien qui en éliminera le plus… ou le rat qui survivra à ses prédateurs. À Paris, ville de gastronomie, on le réserve à un tout autre usage : « Un rat se vend de 25 à 50 centimes. On en prend quelquefois 10 à 15 en une nuit. Sa peau sert pour les gants. Sa chair […] se mange dans plus d'une gargote. Ceux qui ont goûté prétendent que c'est exquis. » Des volontaires ?

COLLECTEUR D'URINE

Veni, vedi, vessie

« L'argent n'a pas d'odeur. » C'est par cette formule lapidaire que l'empereur Vespasien, au Ier siècle de notre ère, aurait justifié de renflouer les caisses de l'Empire par une taxe sur l'urine. Dans la Rome antique, le liquide jaunâtre est fort convoité par les teinturiers, qui y baignent leurs linges afin de leur donner un éclat incomparable. Riche en ammoniaque, l'urine est synonyme de blancheur et alors couramment employée en bain de bouche. Pris à partie par son fils Titus qui jugeait cette taxe avilissante, Vespasien, nous dit Suétone, « lui mit sous le nez le premier argent qu'il perçut de cet impôt, et lui demanda s'il sentait mauvais ». En plus du proverbe, le Romain a légué à la postérité les urinoirs publics, que l'on nommera en son honneur « vespasiennes ».

On fronce d'ores et déjà les narines en imaginant les cuves chaudes que devaient transporter chaque jour des centaines de travailleurs afin d'approvisionner en matières premières les teinturiers de la ville. Des jarres en terre cuite réservées à cet effet étaient installées dans les lieux fréquentés, près des thermes et des tavernes, aux coins des rues. Bourdonnant de mouches, dégageant des vapeurs irrespirables les jours de grand soleil, ces récipients fragiles étaient parfois renversés : dans ses *Épigrammes*, Martial se plaint de l'odeur d'une personne qui « sent plus mauvais que le vieux pot d'un foulon avare qu'on a brisé dans la rue », signe que ce genre d'incident était commun à l'époque.

Aussi surprenant que cela puisse paraître, les collecteurs d'urine survivront à la chute de l'Empire romain. Du côté de Winchester, en Angleterre, un ouvrier du textile particulièrement créatif fait construire des toilettes publiques dont il pille régulièrement le contenu nauséabond à des fins industrielles. Le liquide fait également fureur dans les cercles médicaux, ce dont témoigne l'ouvrage en sept volumes du médecin byzantin Joannes Actuarius, *Sur les urines*, publié au XIVe siècle. Une tendance qui se maintiendra plusieurs siècles : dans ses lettres, Madame de Sévigné décrit les vertus d'un baume « de gouttes d'essence d'urine mêlées » qui, dit-elle, fait des miracles contre les rhumatismes. Plus tard, à la fin du XVIIIe siècle, écœuré par l'odeur des rues de Paris, le lieutenant de police Sartine déploiera des « barils d'aisance » pour permettre aux passants de se soulager. Une aubaine pour certains entrepreneurs qui en font payer l'entrée, d'autant qu'il « n'en coûte que dix centimes par séance et [que] le papier est donné gratis ». Que ce soit pour ses vertus thérapeutiques ou pour ses applications industrielles (détachant, teintures, fertilisant, poudre à canon), « l'or liquide » continuera de faire recette bien au-delà de l'Antiquité.

FOULON

À pied d'œuvre

« On se sert de l'urine pour enlever les taches d'encre, garantit Pline l'Ancien au Ier siècle. L'urine d'homme guérit la goutte ; ce qui le prouve, ce sont les foulons, qui, assure-t-on, sont préservés, de la sorte, de cette maladie. » On aura compris la grande utilité de l'urine en ces temps anciens : on la dit aussi efficace dans le traitement de la surdité que dans celui des plaies ouvertes. Mais qui sont les foulons (on dit aussi « foulonniers »), au juste ? Des ouvriers chargés de piétiner (fouler) aux pieds des tissus dans un bain chimique, afin de les raffermir et de les purger de leurs impuretés. Qu'on se figure des dizaines d'entre eux, s'immergeant jusqu'aux genoux dans des cuves nauséabondes, écrasant les textiles de leurs pieds nus des heures durant…

Si la profession est recensée dès l'Antiquité, d'abord pratiquée par des esclaves, elle voit ses effectifs exploser au Moyen Âge, à la faveur de l'essor de l'industrie textile. En France, certaines cités drapières jouissent d'une renommée internationale, particulièrement dans le Nord du royaume, l'Artois et la Flandre. La production, très calibrée, suit un processus bien défini : elle commence par la tonte des moutons, le lavage, le dessuintage (séparation de la laine et du gras des animaux) et le lissage de la laine, enroulée sur des quenouilles et tendue sur des métiers à tisser. C'est au sortir de cette étape que la tâche des foulonniers débute. Rêches et ternes, les étoffes sont plongées dans des cuves d'eau mêlées d'urine, de sable, d'argile, de glaise ou de lie de vin, puis foulées au pied par ces ouvriers mal considérés, dont les journées de travail durent entre neuf et douze heures. Il s'agit d'un métier essentiellement masculin : « Nulle femme ne peut ni ne doit mettre main à drap », stipule au XIIIe siècle le livre des métiers d'Étienne Boileau. D'abord payés en nature – logés et nourris par leurs maîtres –, les foulonniers réclament des espèces sonnantes et trébuchantes. En 1210, l'assistant d'un foulon ne reçoit que 12 deniers par jour, mais sa paye triple en 1300, favorisée par la récente prospérité des cités médiévales.

C'est finalement la mécanisation du métier de foulonnier qui causera sa perte. À partir du XIIIe siècle, des moulins à foulon germent sur le territoire, plantés le long des ruisseaux : disposés dans un bain d'eau chaude, les draps sont retournés et écrasés par des pilons de bois actionnés par une roue motrice. Dès lors, on ne s'embarrasse plus de main-d'œuvre que pour les draps de très haute qualité, qui exigent le maintien d'un savoir-faire ancestral. Certains foulons évoluent au rang de contremaîtres (bien que l'appellation de leur métier reste la même) afin de superviser l'activité des moulins, mais ils sont très rares. Le salaire des artisans traditionnels chute brutalement : cet écart entre des cités drapières opulentes, enrichissant considérablement les négociants en tissus, et les petites mains de l'industrie entraîne plusieurs révoltes dans les Flandres (à Gand en 1256, à Bruges en 1302, à Leyde de 1372 à 1478). Mais les tisserands refusent de céder : « Il vous faut accepter les salaires que nous vous proposons, sinon vous mourrez de faim cet hiver » menacent les drapiers de Leyde en 1478, au terme d'une énième révolte. Lessivée, la corporation des foulons est annexée, au XVe siècle, à celle des drapiers, signant leur soumission pleine et entière.

MÉGOTIER

Comment faire un tabac

Occupation pauvre des métropoles de la fin du XIXe siècle, le ramasseur de mégots (on dit aussi « cueilleur d'orphelins ») vend du tabac de seconde main. À l'époque, la cigarette n'a pas encore supplanté la pipe ni la chique ; la distribution gratuite de tabac gris aux Poilus, synonyme de réconfort dans les tranchées de 1914-1918, démocratisera bientôt son usage. Mais l'attrait de la nouveauté est bien présent. Témoin des mœurs parisiennes dans les années 1870, un observateur décrit les mégotiers dans leur élément : « Ces derniers ramassent partout, dans le ruisseau, dans les vespasiennes. Ça leur est égal. Rentrés chez eux avec leur moisson, ils [...] confectionnent une mixture que les balayeurs et les "travailleurs de nuit" [chiffonniers, hommes des Halles] déclarent bien supérieure au tabac de la Régie, et qui, en tout cas, leur coûte moins cher. »

À Londres, à la même époque, les ramasseurs de bouts de cigare (*cigar-end finders*) sont des gamins irlandais qui arpentent Ratcliff Highway, Mile End Road ou Regent Street à la recherche de mégots. Ils peuvent espérer un shilling en récupérant un kilo de tabac d'occasion. Bien souvent, c'est une occupation de vagabond ou une tâche que les chiffonniers prennent à leur compte. Le terme de « mégotier » se mue même en insulte, taxant celui qui en est la cible de paresse ou de pingrerie. Ne dit-on pas aujourd'hui d'un grippe-sou qu'il « mégote » ?

CHIFFONNIER

Grise mine

Époque insalubre et poisseuse, l'Angleterre victorienne reste à jamais souillée d'images sordides : le fameux *smog* industriel étouffant les métropoles, le tapage quotidien des ouvriers métallurgistes, les cheminées épinglées sur les berges saumâtres de la Tamise, et des friches urbaines à perte de vue, gangrénées par les rats et le choléra. Dans ce décor sinistre (le plus souvent ruisselant de pluie) évoluent Sherlock Holmes et Jack l'Éventreur, mais également une armée de miséreux s'affairant aux tâches les plus avilissantes.

Ils sont nombreux, ces laissés-pour-compte de l'ère industrielle. Attrapeurs de rats couverts de puces, ramoneurs de cheminées, collecteurs d'excréments, marchands ambulants... Certains se font même balayeurs de carrefours (*crossing sweepers*) : lorsqu'une lady traverse la rue, ces misérables la précèdent pour dégager son chemin encombré de crottin de cheval et de poussière. « Une activité qui n'est autre qu'un prétexte à la mendicité » fustige un contemporain.

Mais la figure la plus emblématique de cette seconde moitié du XIXe siècle reste le chiffonnier. Surnommé « homme des os et des haillons » (*rag and bone man*), il récupère chez l'habitant ou dans la rue tout ce qui peut nourrir son commerce. Morceaux d'étoffe (revendus en gros à des marchands de papier de chiffon), os (la moelle recyclée en savon, les os en manches de couverts), fers à cheval, clous, boîtes de conserve, éclats de verre, peaux d'animaux, mégots, bouchons, bouts de chandelles... Chargé dans un sac de toile ou une brouette, ce fourbi hétéroclite s'écoule contre quelques piécettes. Un métier guère rémunérateur, certes, mais facile à intégrer dès lors qu'on a quelques notions de recyclage ; près d'un millier de chiffonniers exercent leur activité à Londres au XIXe siècle.

Même constat à Paris, où ceux qu'on appelle en argot les « biffins » ont leurs habitudes sur l'île aux Singes (actuel square René le Gall, dans le 13e arrondissement, à l'époque un îlot encerclé par la Bièvre). Ils débarrassent la population d'une bonne part de ses ordures ménagères, le reste étant ensuite charrié par les tombereaux qui évacuent aussi les boues engorgeant la cité (une pratique qui sera à l'origine du terme « éboueur »). Cependant, les chiffonniers, concurrencés par la démocratisation des boîtes à ordures, voient leurs effectifs s'effondrer dans la première moitié du XXe siècle. L'innovation du préfet Eugène Poubelle n'a pourtant pas été acceptée à l'unanimité : « Qu'arrivera-t-il ? s'indigne un parlementaire en 1884. Il arrivera que les locataires soient obligés de garder leurs ordures dans la maison ; et une telle obligation est vraiment pénible. » La gestion des déchets devient la prérogative des ménages et de la municipalité ; chiffonnés, les biffins sont mis au rebut.

CHAROGNARD DES EAUX BOUEUSES

L'égout et les couleurs

Si une image vaut mille mots, le qualificatif de leur profession en dit suffisamment long : les charognards des eaux boueuses (on dit aussi « écumeurs de berges » ou « moineaux des boues ») fouillent les égouts ou le lit des fleuves afin d'y trouver quelque chose à revendre.

Apparus dans l'Angleterre des XVIIIe et XIXe siècles, en même temps que leurs homologues « terrestres », ces chiffonniers maritimes ont un cadre de travail particulièrement malsain. Immergés dans la Tamise jusqu'à la taille, ils pataugent dans une eau fétide souillée d'excréments où affleurent rejets industriels, cadavres d'animaux et morceaux de verre brisé qui ne tardent pas à leur lacérer les chairs. Inutile de dire que les risques d'infection sont multiples.

Plantons le décor : à la fin du XVIIIe siècle, la Tamise est un égout à ciel ouvert, une « soupe monstrueuse » qui provoque nombre de nausées et d'infections. En 1858, les fortes chaleurs de Londres exacerbent les émanations nauséabondes : c'est la Grande Puanteur (*Great Stink*). Les industries naissantes sont situées aux abords du fleuve et leurs rejets contaminent les eaux, déjà souillées par les abattoirs et les tanneries. Qui plus est, dans un contexte de pandémie galopante, le choléra transite dans l'eau contaminée : plus de 10 000 Londoniens y succombent en 1853. Les morsures de rats sont également facteur de risque. En 1749, le corps d'un homme est découvert dans une canalisation : d'après les enquêteurs, il s'agissait « d'un individu ayant pour habitude de traverser l'égout principal à la recherche de chiens crevés pour le bénéfice de leurs peaux ».

Quels trésors ces miséreux convoitent-ils ? Les plus aguerris n'hésitent pas à arracher le cuivre de la proue des bateaux afin d'en tirer un montant substantiel au marché noir. Certains repêchent les animaux morts – chiens, chats notamment – pour revendre leur peau ou leurs os. En dehors de cela, les éléments les plus recherchés sont les pièces de monnaie, les bijoux perdus, l'argenterie, sans oublier le charbon ou les grossiers morceaux de métal.

D'après les chroniqueurs de l'époque, ces métiers sont quasi exclusivement l'apanage de jeunes garçons – entre huit et quinze ans – ou de robustes vieillards. Ceux-ci s'arment d'une perche de deux mètres de long afin de sonder les eaux noires (et ne pas perdre pied). Auteur d'une enquête approfondie sur les pauvres du siècle, le journaliste et chroniqueur Henry Mayhew admet que les charognards des eaux sont « les plus repoussants individus qu'il lui a été donné de rencontrer au cours de ses enquêtes » : nul doute que ces travailleurs, repoussés à coups de rames par les pêcheurs, n'ont pas leur place dans le cœur des riverains…

Combien gagnent-ils ? Cela dépend, bien évidemment, de la « pêche » du jour. Le panier du moineau peut rester vide malgré de longues heures de fouilles, ou bien se remplir d'objets hétéroclites en quelques heures à peine. Reste alors à dénicher un acheteur bienveillant. La plupart du temps, le miséreux s'éloigne des rives de la Tamise l'après-midi pour espérer gagner quelques piécettes en ouvrant les portes des calèches aux *ladies*. En revanche, en vrai rat de canalisation, le *tosher* qui s'infiltre dans les égouts peut récolter six shillings par jour en menue monnaie. Un salaire honorable : cela représente plus d'une quarantaine de nos euros ! Soit près de 20 000 livres par an, que se partagent 200 vagabonds des souterrains de Londres…

De l'autre côté de la Manche, la Seine ressemble à s'y méprendre au cloaque londonien. Embourbée d'excréments, elle est décrite par Louis-Sébastien Mercier comme « un ruisseau large et noir, comme le Styx, épais et limoneux ». Ce ne sont pas les tripiers, installés sur les rives du fleuve, qui vont le contredire… Ni ce voyageur affirmant sans détour que « Paris est un peu plus propre qu'une étable ». On y voit effectivement des individus patauger dans la boue, mais il s'agit moins de chiffonniers que de « traverseurs ». Ces derniers embarquent les dames de la bonne société sur leur dos afin de leur éviter de se salir dans la boue fétide.

Preuve que les charognards n'ont pas pignon sur rue à Paris, les citoyens qui perdent leurs effets dans la Seine n'ont personne vers qui se tourner. Il leur est conseillé de déposer sur l'eau, quai de la Tournelle, une planche de bois avec « un morceau de pain béni et un cierge allumé ». La chandelle est censée s'éteindre lorsque, sur son parcours, elle atteint l'endroit où l'objet s'est perdu. En 1718, une femme dont le fils s'était noyé dans le fleuve suit ce conseil ; entraînée par le courant, sa chandelle vient enflammer la barge d'un marchand de foin. Vingt-deux maisons du Petit-Pont partent en fumée, et la tradition est abandonnée sur-le-champ.

Avec le développement des systèmes de canalisation, à la fin du XIXe et au début du XXe siècle, les charognards des eaux sont chassés. Enfin, les fleuves s'éclaircissent.

TANNEUR

Peaux de chagrin

Le travail des peaux, dont les premières traces remontent à sept millénaires avant notre ère, est sans aucun doute l'un des savoirs les plus anciens de notre civilisation. Vêtements, outres, cordes, bottes, carquois, ceintures : dès l'Antiquité, les artisans du cuir n'ont de limite que leur créativité. Les Égyptiens pratiquent le tannage quotidiennement, au IVe siècle av. J.-C., laissant sécher et gondoler les peaux d'animaux sur les rives du Nil. Il ne semble alors incommoder personne. Le procédé n'est pas encore « industrialisé » mais pratiqué à petite échelle, le plus souvent pour répondre à une demande domestique.

Au Moyen Âge, les tanneurs s'établissent en confrérie sous Philippe VI, en 1345, et exposent leurs créations dans les foires, sur des étals toujours bien achalandés. Dans les ruelles voisines, équarisseurs et bouchers animent « l'écorcherie », fournissant une matière première à bas coût. Aussitôt récupérées, les peaux doivent être assouplies et débarrassées des résidus de graisse et de poil. Le tanneur les fait macérer, plusieurs jours durant, dans des bains chimiques : eau salée mêlée d'urine, « pelard » (écorce de bois), cervelle broyée, acide tannique, chaux et excréments animaliers. Les excréments de chiens (et d'autres carnassiers) sont les plus convoités, car ils contiennent un acide issu de l'estomac permettant de dissoudre les chairs animales. En Angleterre, l'usage de fiente de pigeon ou de poulet est attesté au XVIIIe siècle. Ainsi se mêlent plusieurs vapeurs répugnantes venant irriter les narines et les yeux des bourgeois. « Il se dégage des tanneries des vapeurs si infectes, surtout dans l'été, que les chevaux résistent au frein, et ne veulent point passer par un de ces endroits », commente le docteur italien Ramazzini au début du XVIIIe siècle. Décrivant les « pelains », ces bains chimiques où les peaux détrempées attendent leur heure, un observateur déplore que « l'eau ne s'y renouvelait pas régulièrement et l'on n'enlevait que d'une façon irrégulière les amas de détritus qui fermentaient sur place et exhalaient une repoussante odeur ». Tel est le quotidien du tanneur, évidemment sujet aux maladies : le même Ramazzini leur trouve un « visage blême et cadavéreux ; ils sont enflés, essoufflés, d'une couleur livide et très sujets à l'asthme et aux engorgements de la rate ». À plonger les mains et les pieds dans des fosses putrides, les tanneurs, qui manient habilement le couteau, ne peuvent empêcher les vilaines plaies de s'infecter…

Toutes ces nuisances valent au tanneur le dédain, le mépris, en bref le rejet absolu de ses contemporains. Marginalisation géographique, d'abord : par mesure de précaution, les pouvoirs publics ont tôt fait de les déporter au-delà des remparts. Plaintes des riverains, ensuite : en 1425 à Colchester, on accuse la profession d'avoir souillé l'eau servant au brassage de la bière. Beaucoup de citadins, écologistes avant l'heure, les vilipendent en raison des rejets qui contaminent les rivières environnantes, à tel point qu'on jure, dans le Calvados, que « l'eau de la rivière est rougie ». La profession est frappée d'infamie, impure à jamais, au même titre que les filles de joie, les fabricants de cierges (utilisant quantité de suif nauséabond) ou les bourreaux. Cependant, les odeurs sont si désagréables qu'on pense qu'elles protègent de la pestilence. Lors d'une épidémie de peste, à Nottingham, les citoyens se rassemblent à côté des tanneries, espérant la bénédiction des peaux en putréfaction.

Étonnamment, au XVIIe siècle à Versailles, alors que l'on parfume jusqu'aux perruques pour en camoufler les effluves fétides (la transpiration de leurs propriétaires leur confère une odeur effroyable), le tanneur s'associe au parfumeur ; c'est la mode des gants parfumés, que les dames s'arrachent. Mais si la profession évolue, l'odeur si caractéristique qui la souillait dès l'an mil continue de l'accabler. À la fin du XIXe siècle, un rapport de l'hygiène note encore qu'« un tanneur se sent de très loin ». Peut-on en dire autant de nos jours ? Certes, les petites échoppes des tanneurs ont été remplacées par les grandes industries de la maroquinerie, délocalisées dans les pays-ateliers afin de ne pas chatouiller les narines du chaland occidental... Mais les pratiques traditionnelles se maintiennent, notamment en Asie et en Afrique. En explorant les tanneries traditionnelles de Marrakech, miroir d'un savoir-faire ancestral, les artisans, en connaissance de cause, distribuent aux clients des feuilles de menthe à se passer sous le nez !

DÉCROTTEUR

En mains propres

À l'entrée du théâtre, le crottin de cheval s'amoncelle à mesure que les fiacres déchargent leurs passagers pour la soirée. Les acteurs se réjouissent : la salle sera comble ! C'est en espérant un tel afflux de spectateurs qu'ils se souhaitent « merde » dès la fin du XIXe siècle.

Ils ne sont pas les seuls à se réjouir de cette avalanche d'excréments, auxquels contribuent massivement les chiens errants. Armé d'une brosse à poils durs et d'un polissoir, le décrotteur propose aux riverains de lustrer leurs souliers pour quelques francs. « Le brillant va-t'en ville et décrotte joliment » peut-on lire sur l'enseigne d'un de ces gagne-deniers, à Paris. Complice des rendez-vous galants, le décrotteur distillera aussi quelques conseils amoureux pour espérer un meilleur pourboire.

En 1859, de passage en Espagne, Théophile Gautier aperçoit l'écriteau d'un décrotteur espagnol : « Ici, on cire les bottes à l'instar (*al estilo*) de Paris. » Jusqu'aux grandes rénovations urbaines de la seconde moitié du XIXe siècle, la petite affaire du décrotteur se révélera rentable.

PÊCHEUR DE SANGSUES

Grand saigneur

Une sangsue sur ordonnance, c'est possible ! Le Moyen Âge, friand de saignées et autres thérapies sanguinolentes, la considérait comme une précieuse alliée du corps médical. Dès l'an mil, le *Canon* d'Avicenne, spectaculaire traité médical en cinq volumes, les préconise pour soigner un certain nombre de maux, en particulier les maladies de la peau. Le chirurgien français Guy de Chauliac précise au XIVe siècle que les sangsues « évacuent les humeurs [...] qui sont dans la région moyenne entre le profond [les organes] et la superficie du corps [la peau] ». Problème : les sangsues ne courent pas les rues et encore moins les échoppes des apothicaires... Raison pour laquelle on leur préfère longtemps les saignées, plus économiques, exécutées en un tour de main par les barbiers-chirurgiens.

Pour répondre à cette nouvelle demande, les praticiens de l'hirudothérapie se tournent vers des fournisseurs de choix. Souvent, ces derniers résident près de marais, de lacs ou d'eaux stagnantes – terrains que la *Hirudo medicinalis*, ou sangsue médicinale, affectionne tout particulièrement. Comment l'attraper ? Le moyen le plus simple, pour le pêcheur, consiste à patauger jambes nues dans la tourbière et à attendre que des sangsues assoiffées viennent y mordre... Attention, animaux voraces : elles peuvent boire jusqu'à dix fois leur poids en sang et jeûner ensuite pendant deux ans. Une fois repues, les sangsues libèrent leur proie, laissant une légère marque de morsure en forme de Y sur la peau. Mieux vaut attendre qu'elles aient fini leur déjeuner ; les retirer de force risquerait de corrompre la qualité de la sangsue... et donc de réduire sa valeur marchande.

Il suffit ensuite de les collecter dans une jarre prévue à cet effet. Après avoir perdu jusqu'à un litre de sang, les pêcheurs de sangsues sont accablés de maux d'estomac et autres pertes d'équilibre. Les empoisonnements du sang sont aussi fréquents. En effet, si une sangsue prélève au maximum 15 millilitres du précieux liquide, sa salive anticoagulante empêche les plaies de se refermer pendant quatre à douze heures après le retrait de la bête.

La pratique va largement survivre aux lumières de la Renaissance et aux nouvelles pratiques médicinales. Au XIXe siècle, une « manie des sangsues » enflamme l'Europe. Les hôpitaux parisiens en consomment près de six millions par an – un usage intensif qui engendrera nombre de cicatrices et de complications médicales. Face à cette forte demande, la « pêche au sang » doit évoluer. On ne prend plus la peine de s'immerger dans les eaux stagnantes, mais on y précipite un appât vivant – vache, cheval ou âne, souvent en fin de vie – qui pourra en récolter bien davantage. Dans les campagnes d'Europe, la besogne est encore effectuée de manière traditionnelle jusqu'au XXe siècle !

Du fait d'une demande exponentielle, les bassins de reproduction des sangsues ne tardent pas à s'assécher, allant jusqu'à ranger l'animal parmi les espèces européennes menacées. À la fin du XIXe siècle, les médecins européens se tournent vers des producteurs hongrois, russes ou scandinaves. En France, la « pêche au sang » est attestée jusqu'en 1930. On trouve encore des jarres d'escargots ou de sangsues sur les comptoirs des barbiers ou des pharmaciens jusqu'à la fin du siècle… et l'application de sangsues peut s'ordonner aujourd'hui encore, sur prescription médicale.

GADOUARD

Tout travail mérite sale air

« Gare l'eau ! »

Dans cette ruelle médiévale, le cri est tombé d'une lucarne. Les riverains s'écartent aussitôt, connaissant ce refrain : il signifie que le contenu d'un pot de chambre va être déversé. On raconte que Saint Louis en fut le malheureux destinataire, un jour qu'il passait à cheval sous les fenêtres des faubourgs.

Quiconque arpenterait aujourd'hui les rues des cités médiévales en aurait l'estomac retourné. Les déjections circulent dans une rigole tracée au milieu de la rue, surnommée *merdereau*, ou basculent directement dans les rivières. Pour éviter ce torrent quotidien de saletés, les piétons marchent en haut du pavé, ne cédant le passage qu'aux individus de rang supérieur – habitude qui sera à l'origine de l'expression « tenir le haut du pavé ». Mais il n'est pas rare qu'un ivrogne s'y noie. Il faut dire qu'une ville moyenne de 5 000 habitants produit chaque année plus de 300 tonnes de fèces et trois millions de litres d'urine.

Fort heureusement, les lieux d'aisance commencent à se démocratiser chez les particuliers. Dès 1374, une ordonnance de Charles V exige de « tous les propriétaires, en la ville et faubourgs de Paris, d'avoir latrines et [lieux] privés suffisants en leur maison ». En 1404, son fils Charles VI punit de 60 sols d'amende le fait de *porter fiens* à la Seine, ce qui ne décourage pas les contrevenants. L'on exhorte alors chaque propriétaire à creuser chez lui une fosse d'aisances, qui sera ensuite purgée régulièrement par les « maîtres des basses œuvres », ou gadouards. Autrement dit, des vidangeurs qui, armés d'outils sommaires – pelle, pioche et seau –, extraient les excréments séchés des « retraits ». Et ce, souvent en dépit de la prudence la plus élémentaire.

Preuve d'un travail particulièrement rebutant, on les surnomme « maîtres fifi » – l'interjection « fi ! » étant employée à l'époque pour exprimer le rejet ou le dégoût. Parce qu'ils reniflent les effluves nauséabonds, les problèmes respiratoires ou les évanouissements sont chez eux monnaie courante. En témoigne cet avertissement relayé par le Collège de Pharmacie en 1792 : « Les accidents auxquels sont exposés [ces malheureux] sont très communs, quoique le plus souvent ignorés, parce que ces hommes ont peu de commerce avec la société, vu la nature de leurs travaux ; parce qu'on ne fréquente guère de tels ateliers ; parce qu'enfin les vidangeurs exercent leur profession de nuit. » L'infamie dont ils sont frappés se reflète aussi dans le vocabulaire : à l'époque, « vilain comme un gadouard » est une insulte féroce. Au début du XIXe siècle, on en vient à recommander l'usage de chaux ou de chlore pour désinfecter les fosses, puis à en faciliter la ventilation, ce qui éloigne le gadouard des fosses septiques. Il était temps !

Cette profession est-elle typiquement française ? Non : la croissance galopante des populations des grandes métropoles rend indispensable le travail du gadouard, sous peine d'obturer les voies d'eau ou de contaminer les nappes souterraines. En Angleterre, on fait appel au *gong farmer* (littéralement, « fermier de toilettes extérieures ») ou *nightman* pour purger ses latrines. Comme son homologue français, celui-ci opère généralement de nuit, son travail étant mal considéré et le transport de matières fécales incommodant les riverains. Ce qui ne l'empêche pas d'être bien rémunéré : jusqu'à dix shillings par opération ! De quoi inspirer à Bernard Mandeville la maxime selon laquelle « l'odeur du gain est parfumée, même pour les travailleurs de nuit ».

Que faire ensuite de ces déchets ? Les excréments sont charriés en dehors de l'enceinte de la ville afin de dépolluer l'air. Une solution qui arrange tout le monde consiste à revendre, pour une bouchée de pain, le produit de la collecte à des fermiers. Les agriculteurs épandent ensuite cet engrais bon marché ; quant aux marchands de poudre à canon, ils recyclent la terre souillée d'urine, riche en salpêtre. C'est finalement le raccordement progressif aux réseaux d'égouts, purgés mécaniquement, qui sonnera le glas des travailleurs de la nuit, évacués des métropoles européennes à la fin du XIXe siècle.

VERROTIER

Vous reprendrez bien un ver ?

Un ver, ça va. Deux vers... C'est meilleur pour les affaires. Telle pourrait être la devise du verrotier, qui fait son beurre dans le commerce juteux (et grouillant) des asticots en tous genres. Pour la plupart de ses adeptes, il consiste en l'élevage d'appâts et à leur vente à la sauvette. Mais comment, au juste, « fabriquer » des vers ? Un pêcheur partage sa recette dans un traité de 1828 : « On met trois ou quatre livres de sang dans un pot de jardin, dans lequel on a laissé de la terre. On dépose ce pot à l'ombre ; bientôt les mouches ne manquent pas pour y déposer leurs œufs et lorsqu'on voit que les vers sont formés, on rentre ce pot. »

Ce métier curieux, qu'on imagine plutôt rural, fait également des heureux en ville, ainsi que le narre l'écrivain friand d'anecdotes Privat d'Anglemont à la fin du XIXe siècle : « Ce n'est peut-être pas très propre, cet état-là, mais on y gagne sa vie. Il y a à Paris plus de deux mille pêcheurs à la ligne, beaucoup de gamins et pas mal de bons bourgeois établis ou retirés des affaires. » En saison basse, lorsque les pêcheurs rentrent leurs cannes pour l'hiver, le verrotier poursuit son commerce en distribuant des asticots d'un autre genre – les amuse-becs favoris des rossignols et autres oiseaux chanteurs, que les bourgeoises de Paris aiment à attirer sur leurs balcons.

Dans la première moitié du XXe siècle, on voit encore verrotiers et verrotières écumer les plages de la Côte d'Opale ou de Bretagne, courbés sur des bâtons de bois qui les accompagnent à la pêche aux vers des sables. Si la pratique a aujourd'hui disparu de France, passée entre les mains d'entreprises spécialisées dont le volume excède largement celui des anciens verrotiers, la profession resurgit étonnamment outre-Atlantique, et fait même l'objet de compétitions sportives très suivies dans le Sud des États-Unis ! En Floride ou au Texas, la méthode traditionnelle consiste à ficher un pieu en bois dans un endroit qu'on sait infesté, puis de frotter le sommet du pieu avec une feuille d'arbre ou un morceau de métal. Les vibrations suffisent à faire émerger des centaines d'asticots des entrailles de la terre, ces derniers craignant l'assaut imminent d'une taupe, leur prédateur naturel. Le record actuel est de 567 vers en une demi-heure. Avis aux amateurs.

VOLEUR DE CADAVRES

À corps perdus

Dans l'obscurité d'un cimetière, des ombres s'agitent, accroupies autour d'une tombe fraîche. La nuit est impénétrable ; on distingue à peine quelques chouettes, perchées sur les marbres. Ces volatiles sont les seuls témoins d'une sinistre entreprise, trahie par l'éclat complice d'une pelle : les intrus sont venus déterrer un macchabée…

Les profanateurs de sépulture n'ont jamais eu bonne presse. Dès l'Antiquité et tout au long du Moyen Âge, ils font partie de ces pilleurs qui violent l'intimité des cercueils en quête de trésors ou mieux, de reliques sacrées. Ossements, morceaux de tissu, bijoux, sandales, mèche de cheveux : tout ce qui a pu appartenir à un saint est digne de convoitise. On boit même la poussière arrachée à leur tombeau, mêlée à de l'eau, en infusion aux XIe et XIIe siècles. Un commerce prospère qui encourage les contrefaçons ; comment expliquer autrement ces douze crânes de saint Jean Baptiste, vénérés en différents pays ?

Mieux vaut laisser les cadavres dans leurs cercueils. Au-delà de l'interdit religieux, c'est aussi une mesure de sûreté, car sceller le défunt dans sa tombe l'empêchera de revenir hanter les vivants. Regorgeant de superstitions, des pratiques anti-résurrection sont constatées tout au long du Moyen Âge, en différents points du globe : mutiler les dépouilles, placer une grosse pierre entre leurs mâchoires, nouer leurs orteils... Autant de moyens qui ferment définitivement aux macchabées la porte du monde des vivants. Mais des pillards peu scrupuleux ne vont pas tarder à braver l'interdit pour se remplir les poches.

En effet, les cadavres ont encore un peu de valeur. Ils portent sur eux des bijoux, des armes, des objets précieux. Leurs os peuvent servir à fabriquer des manches de couteau, leurs dents peuvent être revendues à des arracheurs indélicats. Leur peau se décline même en reliure de livres. Surtout, le cadavre est un excellent objet d'étude pour les apprentis chirurgiens, à condition qu'il soit tiré du sol avant d'atteindre la putréfaction.

À partir du XVIe siècle, les dépouilles s'amoncellent sur les tables de dissection des « théâtres anatomiques ». Apparus d'abord en Europe méridionale – Espagne et Italie –, ces lieux d'expérimentations débridées révulsent autant qu'ils fascinent. « Si tu as l'amour de cette chose, écrit Léonard de Vinci, lui-même amateur de dissections clandestines, tu en seras peut-être empêché par une répugnance de l'estomac ou [...] peut-être auras-tu la crainte de passer les heures nocturnes en compagnie de cadavres tailladés et lacérés, horribles à voir. » Il faut avoir le cœur bien accroché... D'autant qu'à l'époque, ces séances macabres ne sont pas réservées aux étudiants en médecine ou aux chirurgiens. Ce sont des manifestations publiques, attirant des curieux de tous horizons, et pour lesquelles chacun paye sa place à grands frais.

C'est ici que les voleurs de cadavres interviennent, avec un seul mot d'ordre : la discrétion. Des rabatteurs, postés à l'entrée des cimetières, signalent l'imminence d'un enterrement. À la nuit tombée, les pillards s'introduisent dans le mausolée ou le caveau, déblaient la terre encore fraîche et en extraient la dépouille. Le grand anatomiste du XVIe siècle André Vésale n'hésite pas à se salir lui-même les mains en décrochant les gibiers de potence. À la même époque, Félix Platter, de l'université de Montpellier, admet s'exposer « à plus d'un danger, avec d'autres étudiants français, pour [se] procurer des sujets ». Quels sont ces risques ? Au-delà de la sanction féroce des autorités, manipuler des chairs mortes entraîne nombre d'infections ainsi que des exhalations particulièrement malsaines. Et le scandale qui peut en résulter a tôt fait de ruiner une carrière médicale. Le Parlement de Paris décourage ces actes par l'arrêt du 11 avril 1551, ce qui n'empêche pas pour autant les voleurs de cadavres d'opérer. En 1783, Louis-Sébastien Mercier décrit en ces termes le cimetière de Clamart, dans le 5e arrondissement de Paris : « Cette terre grasse de funérailles est le champ où les jeunes chirurgiens vont la nuit, franchissant les murs, enlever des cadavres pour les soumettre à leur scalpel inexpérimenté. Ainsi, après le trépas du pauvre, on lui vole encore son corps ; et l'empire étrange que l'on exerce sur lui ne cesse enfin que quand il a perdu les derniers traits de la ressemblance humaine. »

Au XVIIIe siècle, la demande de cadavres s'envole, et leur tarif avec. On en vient à marchander avec les vivants le droit de disposer de leur dépouille. À Édimbourg, en 1828, alors centre important d'étude anatomique, William Burke et William Hare forment le premier gang de « meurtriers anatomiques », assassinant 16 personnes pour vendre leurs corps aux universités locales. Par un drôle de retournement de situation, après sa condamnation, William Burke fut pendu, son corps disséqué, et sa peau servit à relier un petit carnet visible encore aujourd'hui dans un musée d'Édimbourg. Dans cette économie souterraine, les cadavres n'ont pas tous la même valeur. Les noyés et les étouffés, avec des organes relativement intacts, sont préférés aux décapités ou aux pendus. On a généralement recours aux corps de criminels ou de vagabonds pour ne pas attirer l'attention. Même les dépouilles des condamnés à mort, exposées pour l'exemple, disparaissent en un éclair. La demande est si forte qu'il faut envisager d'autres profils : les prostituées, dont on juge le corps suffisamment corrompu pour être indigne de sépulture, mais aussi les suicidés « et tous ceux qui rencontraient leur fin par le duel, la boxe à main nue ou l'ivrognerie ». Une véritable compétition se met en place entre les écoles de médecine, craignant qu'en raison d'une pénurie de corps, les élèves préfèrent aller étudier dans des établissements rivaux mieux pourvus en macchabées.

Les pilleurs de tombes continuent de faire scandale, particulièrement en Grande-Bretagne, entre les XVIIIe et XIXe siècles. On les surnomme là-bas « résurrectionnistes » – sans doute parce qu'ils offrent à leurs proies l'opportunité d'une seconde vie sous le scalpel du chirurgien… Face à la recrudescence des profanations, le grand public ouvre l'œil et se met à surveiller ses morts. On prolonge la veillée funèbre, quitte à compromettre les chairs de la dépouille. On équipe son cercueil de cadenas, on le ceinture de barreaux de fer : ces dispositifs sont encore visibles de nos jours dans les cimetières anglo-saxons, particulièrement à Édimbourg, où le vol était courant. On voit même des gardes du corps rôder dans les cimetières… Face à ces mesures, les résurrectionnistes rivalisent d'ingéniosité. L'un d'entre eux partage un secret professionnel dans son journal : « Une de nos combines favorites, pour laquelle une femme était généralement nécessaire, consistait à réclamer les corps de personnes isolées qui mouraient à l'hospice. Dès lors, un homme ou une femme, en tenue de deuil et faisant grand chagrin, le plus souvent en larmes, se rendait à l'hospice pour enlever le corps de ce cher parent disparu. Si la combine réussissait, comme c'était souvent le cas, le corps était immédiatement conduit à l'une des écoles et vendu. Les autorités de la paroisse n'étaient probablement pas mécontentes d'abandonner le cadavre si c'était celui d'un étranger, leur épargnant ainsi le coût d'un enterrement. »

Si le trafic de cadavres atteint son apogée à la fin du XVIIIe siècle, avec des macchabées qui s'arrachent contre des centaines de livres sterling, les résurrectionnistes britanniques sont limogés par l'Anatomy Act de 1832. Visant à apaiser les craintes du public après les vagues de « meurtres anatomiques » commis dans les îles britanniques, cette loi facilite les conditions d'accès aux cadavres pour les anatomistes disposant d'une licence, permettant à cette branche de la médecine de sortir de la clandestinité. D'autant que les activités illicites des résurrectionnistes leur réservent parfois des surprises, à l'instar de ces pillards d'Édimbourg qui, le 15 avril 1824, fauchent le corps de John McIntyre : contre toute attente, ce dernier se révèle être toujours vivant lorsque le scalpel de l'anatomiste effleure sa poitrine !

PORTE-COTON

Serviteur du trône

« Sire, voilà l'heure. » Il est huit heures trente lorsque Louis XIV est réveillé par un de ses valets. Commence alors un long protocole : visite du médecin et du chirurgien du roi, entrée des domestiques pour la toilette, accueil de quelques courtisans triés sur le volet… Ainsi va l'étiquette royale, qui laisse rarement une minute de repos aux souverains. S'activant à mille obligations, ces derniers sont en permanence assistés de leurs serviteurs, même dans les tâches les plus intimes. C'est le cas du porte-coton, qui accompagne le roi alors que ce dernier s'exécute sur sa chaise percée.

Son rôle est d'apporter au monarque ses effets de toilette, au premier rang desquels le papier toilette d'époque – généralement de l'étoupe de lin, du coton ou de la soie. Il est accompagné en cette besogne par les porte-chaise qui, une fois le rituel terminé et après mûr examen des médecins, évacuent les royales selles. Sous le règne de Louis XIV, accompagner le monarque dans cette tâche est un véritable privilège, pour lequel les courtisans payent cher. Pouvant débourser jusqu'à cent mille écus pour y être autorisés, ces derniers se voient distribuer un « brevet d'affaires ». On ne parle pas de petit coin, ni même de « chaise percée » mais de chaise d'affaires pour désigner cet office ritualisé, où l'on joue parfois de la musique et auquel les dames sont conviées. Même le trône a de l'allure : c'est généralement une pièce finement ouvragée et sculptée, avec des finitions en velours. Voilà qui a davantage de noblesse.

Ce qui n'est pas partout le cas à Versailles, comme le prouve cette ordonnance de 1720 interdisant « à toutes personnes de faire leurs ordures dans aucun endroit des Salles et Garderies du Palais », infraction quotidienne qui va « non seulement contre le respect dû à la Cour mais aussi cause une infection extraordinaire ». Déculotté par la Révolution, le porte-coton reprend brièvement du service sous Louis XVIII et Charles X, avant que la fonction ne disparaisse pour de bon.

Outre-Manche, on appelle le porte-coton *groom of the stool* (littéralement, « garçon de tabouret » ou « garçon de selles »). C'est un poste tout aussi prestigieux qu'en France : par sa position privilégiée, il partage bien des secrets et se mêle parfois de politique. Autant dire qu'il s'agit d'un tremplin idéal pour faire carrière. Nombreux sont anoblis, et le porte-coton de Georges III, John Stuart, finira même par devenir Premier Ministre en 1762 ! Au XVIe siècle, Henri VIII, cherchant à faire condamner son épouse Anne Boleyn, l'accuse d'adultère avec son porte-coton : le malheureux Henry Norreys est exécuté en 1536. Notons d'ailleurs qu'en cette posture intime et avec une sécurité minimale, tout monarque est à son plus vulnérable : le roi Edmond II « Côte-de-Fer » est poignardé à deux reprises en 1016 alors qu'il s'affairait sur sa chaise percée ! On attend pourtant de lui qu'il essuie autre chose que les tentatives d'assassinat…

DEUXIÈME PARTIE

Professions de foi

MOINE COPISTE

Homme de main

Dans la tradition ecclésiastique, la douleur liée au labeur permet d'expier ses péchés ; accablée d'une souffrance rédemptrice (*salvifici doloris*), la chair ne se laissera pas aller aux excès redoutés. C'est pour cette raison que les monastères regorgent d'activités manuelles dès le Moyen Âge : brassage de la bière, élevage de volaille, culture des champs, tissage de vêtements... Des activités entrecoupées de temps de prière et de repas silencieux. « C'est alors qu'ils seront vraiment moines, lorsqu'ils vivront du travail de leurs mains, à l'exemple de nos pères et des Apôtres », recommande Benoît de Nursie, qui édicte vers l'an 530 un code gouvernant l'activité des monastères. En ermites, cultivant une relation exclusive avec Dieu, les moines appliquent rigoureusement la règle de Saint-Benoît.

Parmi eux, certains sont employés au recopiage des livres : ce sont les copistes, ou scribes. Véritable profession de foi, la pratique est attestée depuis la période carolingienne, les plus vieux manuscrits étant reproduits dès le Ve siècle. Il était temps : la culture romaine antique, en perdition, put ainsi trouver refuge dans les bibliothèques des monastères… L'imprimerie n'existant pas encore, les livres sont copiés et reliés à la main, avec des prouesses d'illustrations et d'enluminures, véritable dentelle d'encre sur parchemin. Dans une pièce spéciale, le *scriptorium*, conçu pour être baigné de lumière, les moines s'installent sur un banc face à leur écritoire, et trempent leur plume dans l'encrier. Puis ils recopient mot à mot, patiemment, l'ouvrage qui leur a été confié. Il s'agit souvent de recueils religieux ou liturgiques, plus rarement de traités d'arithmétique, de géographie, de littérature ou d'histoire. Une œuvre sainte, certes, mais ô combien pénible et répétitive !

Quelle est la productivité des moines ? Pas plus de cinq pages – environ 200 lignes – par jour. À ce rythme, il faut environ un an pour copier une Bible. Preuve de l'ardeur de leur tâche, certains scribes se défoulent dans les marges des manuels sur lesquels ils sont penchés. On y déchiffre de nombreuses invocations, autant d'appels au secours : « Dieu merci, il fera bientôt nuit », écrit l'un d'entre eux. « Maintenant que j'ai tout recopié, pour l'amour du Christ, qu'on me donne à boire », implore un autre. « Aussi bien que le port au marin, la dernière ligne est bienvenue au scribe », philosophe un troisième. Ces brèves plaintes sont d'autant plus audacieuses que l'atelier est supervisé par un contremaître. D'autres encore ajoutent des dessins obscènes ou chatouillent les versets saints…

À partir du XIIe siècle, la fondation des premières universités, toujours chapeautées par l'Église, entraîne une hausse de la demande de manuscrits. Il s'agit, après tout, de matériel pédagogique ! L'activité des scribes s'établit en corporation laïque : ces derniers côtoient parcheminiers, relieurs et enlumineurs, formant une véritable industrie du livre. Ce n'est plus une profession réservée aux serviteurs de Dieu. Lorsque Gutenberg introduit l'imprimerie dans les années 1440, tout un monde vacille. Il paraît même que les scribes parisiens, de peur d'être mis au chômage, se seraient mis en grève... La copie traditionnelle va cependant se maintenir jusqu'au XVIIe siècle, les souverains exigeant encore des manuscrits richement décorés, couverts de feuilles d'or et sertis de pierres précieuses – et les monastères persévérant dans cet exercice pieux qui soigne l'âme. Dans la marge d'un vieux manuscrit de l'abbaye de Saint-Gall, en Suisse, un moine a griffonné la pensée d'une génération de copistes : « *Libro completo, saltat scriptor pede laeto* ». Le livre terminé, le copiste saute de joie.

CASTRAT

Chanteur hors paires

Pour percer dans la chanson, hier comme aujourd'hui, il faut savoir payer de sa personne. Entendez-vous les voix angéliques des castrats, qui s'élèvent au cœur des cathédrales de la Renaissance ? Eh bien, pour magnifier cet attribut, ils ont dû faire le sacrifice d'un autre...

Si l'Europe s'enflamme pour la « troisième voix » des castrats à compter du XVIIe siècle, c'est peut-être le fait d'une importation ottomane. En Orient, cela fait plusieurs siècles en effet que les eunuques, gardiens des sérails, sont châtrés. Cela aura permis, bien involontairement, d'admirer leur timbre remarquable. Toujours est-il que l'Italie se met à pratiquer l'éviration dès le XVIIe siècle. « Ici, on châtre proprement et à bon marché », lit-on, à en croire les voyageurs du temps, sur les enseignes des barbiers romains. De l'autre côté des Alpes, les Lumières s'offusquent : « Il se trouve en Italie des pères barbares qui, sacrifiant la nature à la fortune, livrent leurs enfants à cette opération », regrette Jean-Jacques Rousseau. Les castrats riches et célèbres inspirent aux parents pauvres des rêves de grandeur. Parfois, ils en viennent à prétexter une maladie obscure ou l'attaque d'un sanglier pour justifier l'opération.

Un enfant se fait opérer entre sept et douze ans, avant la fameuse mue de l'adolescence. Il est plongé dans un bain chaud pour atteindre une sorte de léthargie, situation la plus proche de l'anesthésie médicale, après quoi les testicules sont retirés. Bien sûr, vu le gain à réaliser pour des barbiers sans scrupules, certains bouchers savent s'improviser châtreurs… Et des dizaines d'enfants ne survivent pas à une opération bâclée. D'autant que d'autres aspects physiologiques sont bouleversés par l'ablation génitale : absence de pilosité et de pomme d'Adam, membres très longs par rapport à la taille du corps, tendance à l'embonpoint et sexe de taille réduite.

La papauté, pourtant hostile à la pratique, détourne le regard : la castration est autorisée *ad honorem Dei*, « pour la gloire de Dieu ». Il faut dire que les femmes sont depuis toujours exclues du corps des chanteurs, à l'appui d'un vieil énoncé biblique : « Comme dans toutes les Églises des saints, que les femmes se taisent dans les assemblées. » Florence, Lecce, Milan et Venise voient passer des centaines d'enfants sous les couteaux des barbiers. Confrontées à une forte croissance de la demande, les écoles de Naples et de Bologne se spécialisent dans leur formation. Mais il y a peu d'élus : seul un castré sur dix parvient à percer dans le milieu. L'immense majorité se retrouve sans le sou, avec pour toute fortune une voix hybride, aigre et nasillarde.

Quant aux heureux élus, ils doivent d'abord subir une éducation rigide en institution religieuse. Lever à cinq heures du matin, confession hebdomadaire, repas silencieux et une grande dose d'exercices vocaux à vocation spirituelle… De plus, on n'y mange presque rien. « Ces écoliers ont le visage décharné et pâle comme la mort, écrit Sara Goudar, une aventurière britannique qui parcourt l'Europe au XVIIIe siècle. Il n'y a que les administrateurs qui ont le visage large et le teint fleuri. La plupart de ceux-ci sont à la veille de crever d'opulence à force de manger alors que leurs élèves manquent d'aliments. » À cela s'ajoute un violent rejet de la part des autres écoliers non castrés. De quoi faire fuguer plusieurs apprentis chanteurs.

Ceux qui parviennent au bout de leur formation et conservent une voix miraculeuse voient aussitôt s'ouvrir un chemin pavé d'or et de gloire. Adulés sur les scènes européennes, jonglant avec les compositions de Haendel, Monteverdi ou Vivaldi, les castrats mènent une vie de pop-stars avant l'heure. Sur scène, ils interprètent César, Pompée, Achille ou Alexandre. Grimés, coiffés de perruques, ils se glissent également dans des rôles féminins. À la ville, leur physique androgyne leur ouvre les lits des hommes comme ceux des femmes. Mais le public n'a pas forcément le goût des « chapons » : les Français, particulièrement, se moquent de ces chanteurs aux voix stridentes. Il est vrai qu'ils se rendent célèbres par leurs caprices : ainsi Marchesi exige-t-il d'entrer sur scène armé de la tête aux pieds, coiffé d'un casque à plumes, en entonnant son air préféré ! Au XVIIIe siècle, les castrats continuent d'être acclamés, notamment sur les scènes de Vienne et de Londres. Farinelli, « le plus grand châtré de l'univers », stupéfie par la souplesse de sa voix, la grâce de son interprétation mais aussi sa générosité et sa modestie hors de la scène. Signe que ce caractère n'est guère répandu parmi ses confrères.

Vers la fin du XVIIIe siècle, le succès des castrats et de l'*opera seria* s'essouffle. La musique baroque est passée de mode, et ses hérauts sont les sujets de moqueries sournoises. Rouget de Lisle, compositeur de la *Marseillaise*, plaisante en 1792 : « Notre armée pourra tirer peu de profit d'un canon dépourvu de balles ! » Six ans plus tard, les États pontificaux révoquent l'interdiction faite aux cantatrices de chanter dans les théâtres. Les castrats sont définitivement évincés.

CHASSEUR DE VAMPIRES

Nuits blanches et peurs bleues

Eau bénite, gousses d'ail, balles en argent, crucifix, pieux d'aubépine : nous sommes tous familiers avec la panoplie du tueur de vampires. Mais saviez-vous que cette profession mystérieuse s'était autorisée quelques escapades (nocturnes) en dehors de la fiction ?

Les créatures buveuses de sang hantent les consciences – et, paraît-il, les cryptes – depuis le Moyen Âge. C'est surtout en Europe de l'Est, dans les défilés des Carpates et les villages reculés des Balkans, que ces légendes mûrissent. Mais, curieusement, il faudra attendre le XVIIIe siècle, époque de la raison triomphante, pour que le vampire connaisse sa résurrection la plus marquante. Tout commence en 1721 dans un petit village serbe : en quelques jours, 15 villageois sont terrassés par un mal inconnu. Vampire, vous avez dit vampire ? La crainte devient terreur, à tel point que le Conseil de guerre de Belgrade doit dépêcher ses enquêteurs sur place. S'ensuivent une fouille minutieuse des environs et l'autopsie de dizaines de cadavres. Pendant ce temps, d'autres signalements affluent : en Silésie, en Bohême, en Pologne, en Grèce, on redoute de nouvelles manifestations. Des milices déterrent les dépouilles de vampires présumés et, d'un coup de pieu au cœur, les épinglent dans leur dernier sommeil... La présence de sang au coin des lèvres, ainsi que d'ongles particulièrement longs, sont les principaux indices qui permettent de conclure au « vampirisme ».

Psychose ? Hystérie collective ? Farce de mauvais goût ? Publié la même année, le rapport officiel ne tranche pas. En Serbie, les chasseurs de vampires auraient décapité 40 cadavres et dispersé leurs cendres. Ce curieux phénomène fait l'effet d'une bombe dans les gazettes européennes. Dans les salons mondains, on en débat avec animation :

l'un blâme les mœurs décadentes des peuples slaves, l'autre une civilisation trop perméable à la superstition… En réalité, ce qui a motivé la traque de ces créatures, c'est d'abord un savoir médical encore tâtonnant. À l'époque, on ne comprend pas bien le processus de décomposition. On ignore par exemple que les organes en putréfaction viennent naturellement baigner de sang la bouche des dépouilles. Ou que, contrairement à une idée reçue, ce ne sont pas les ongles qui continuent de pousser après la mort, mais les chairs desséchées qui se rétractent, donnant cette impression… La stupeur causée par les épidémies foudroyantes joue aussi un rôle : après la peste et la rage, un mal mystérieux conduira encore nombre de médecins américains à « exorciser des vampires » jusqu'en plein XIXe siècle. À cette époque apparaissent outre-Atlantique des malades amaigris aux joues creuses, dont l'énergie vitale semble avoir été drainée. On parle de « consommation » pour désigner ce fléau qui paraît les ronger de l'intérieur. Une fois la mort venue, les corps sont enterrés la tête en bas ou sur le ventre afin qu'ils ne trouvent plus la sortie de leur caveau. Mais si les prescriptions des médecins américains regorgent d'exorcismes, la tendance s'estompe à la fin du XIXe siècle, Robert Koch ayant identifié le coupable en 1882 : le bacille de la tuberculose.

EXORCISTE

Le diable au corps

« Très immonde esprit, au nom de Notre Seigneur Jésus-Christ, je t'ordonne de t'arracher et de sortir de cette créature que Dieu a façonnée avec de la terre ; Celui même qui du haut des cieux t'a précipité dans les profondeurs de la terre te le commande ; Celui même qui a commandé à la mer, aux vents et aux tempêtes te l'ordonne. Entends donc et tremble de crainte, Satan... » Prononcée d'une voix forte, la litanie s'abat comme un orage sur une femme tremblante, prostrée aux pieds du prêtre. Lorsque les derniers mots latins ont été prononcés, l'homme trace un signe de croix sur son front perlé de sueur. Sa respiration s'apaise : le démon a quitté son corps. Fourbu mais satisfait, l'exorciste renoue l'étole violette autour de son cou, puis quitte la pièce orpheline du Malin.

Ce rituel d'exorcisme, instauré au XVIIe siècle, est en vigueur jusqu'aux années 1990. Il décrit les étapes par lesquelles le prêtre doit vaincre le démon et le forcer à quitter le corps de celui ou celle qu'il possède. Même si on l'assimile au Moyen Âge, cette pratique connaît en réalité son âge d'or à la Renaissance, en même temps que les bûchers de sorcières et les martyres sanglants de l'Inquisition. Certes, le diable persécute les consciences depuis plusieurs siècles. Mais il est longtemps resté un personnage de folklore, une figure troublante servant d'avertissement, sans prises directes avec le monde tangible. Cela change à partir du XIIIe siècle. Le quatrième concile de Latran, en 1215, lance la première vague de chasse aux hérétiques. L'Église catholique ordonne qu'on bannisse le démon sous toutes ses formes : apparitions, envoûtements, pactes démoniaques. En 1233, la bulle pontificale *Vox in Rama* précise que Satan peut également s'incarner dans le chat, le crapaud ou l'homme. La psychose atteint son apogée sur les dernières décennies du Moyen Âge, durant lesquelles on croit voir le Diable à tous les coins de rue. Multipliés par l'invention récente de l'imprimerie, les traités de démonologie circulent de main en main, détaillant les méthodes pour repérer les hérétiques et se débarrasser d'eux. C'est notamment le cas du tristement célèbre *Marteau des sorcières* (*Malleus Maleficarum*) rédigé par deux inquisiteurs allemands en 1487. On ne recule devant rien pour châtier les possédés. Les aveux sont souvent arrachés sous la torture. Si les suspects refusent de confesser leurs péchés, on admet quand même leur culpabilité : ce manque de coopération est une nouvelle ruse du Malin qui rendrait ses partisans « insensibles ».

Pourquoi les inquisiteurs se donnent-ils autant de mal à châtier les hérétiques ? Entre le XIVe et le XVIe siècles, l'Église est bousculée. Fragilisée par le Grand Schisme d'Occident et l'épisode douloureux de la papauté avignonnaise, menacée par la montée en puissance des rois, des empereurs et des réformés, elle doit réaffirmer son emprise sur les masses superstitieuses. En sponsorisant la chasse aux démons, elle se place en tant que gardienne du peuple. Ainsi, elle prétend évacuer la terreur qu'elle a elle-même insinué parmi la population… Mais l'hérésie épouse plusieurs formes, et les 50 000 sorcières brûlées vives sur la période ne sont pas les seules victimes de la psychose infernale : on cherche aussi à empêcher le Diable de s'incarner parmi les hommes. « Même, [le Diable] envahit quelquefois son propre corps et, bien que l'âme réside toujours en ce corps comme en son domicile, pourtant il en prend possession et, ôtant le pouvoir et l'usage qu'elle y a, il substitue en son lieu sa force et son activité par une invasion furieuse que nous appelons possession », tremble le futur cardinal Pierre de Bérulle dans son *Traité des énergumènes* (1599). Quels sont les symptômes de cette possession ? Ils sont nombreux : perte de la vue, mutisme, désordre sensoriel, agitation, convulsions, vomissements, exhibitionnisme, chute ou montée de la température corporelle... Le moindre écart de comportement peut être assimilé à l'intervention démoniaque.

Si un tel cas est signalé, alors les brigades d'exorcistes doivent dépêcher un des leurs sur les lieux. Sur place, le prêtre suit un rituel très codifié décomposé en quatre étapes – adjuration, imposition des mains, « exsufflation » de l'esprit maléfique, enfin onction d'huile sainte – tel que celui formalisé par le pape Paul V en 1614. En plus de chasser les mauvais esprits, le prêtre rend, par l'intermédiaire de cette démonstration, sa puissance surnaturelle à l'Église. Il peut également en profiter pour extorquer quelques informations précieuses au Diable, car on le croit à l'époque capable de deviner l'avenir ! Avec un peu de chance, le Malin cède devant les efforts du prêtre, abandonnant son hôte fiévreux (généralement, on trouve un carreau cassé dans la maison, signe que le démon s'est enfui). Mais comment distinguer les possédés « authentiques » des simulateurs ou des déboussolés ? La question est abordée dès 1583 à l'occasion du synode de Reims : « Devant que le prêtre entreprenne d'exorciser, il doit diligemment s'enquérir de la vie du possédé, de sa condition, de sa renommée, de sa santé et autres circonstances ; et on doit communiquer avec quelques gens sages, prudents et bien avisés, car souventes fois les trop crédules sont trompés et souvent des mélancoliques, lunatiques et ensorcelés trompent l'exorciste, disant qu'ils sont possédés et tourmentés du diable : lesquels toutefois, ont plus besoin de remèdes du médecin que du ministère des exorcistes. » Pour autant, les exorcismes continueront d'être pratiqués sur les esprits fragiles et dérangés… et même à l'encontre d'animaux ravageurs de champs ou d'insectes nuisibles au XVIIIe siècle !

Il faut attendre le milieu du XIXe siècle et la reconnaissance progressive des pathologies de l'esprit, susceptibles de provoquer les mêmes symptômes, pour que les exorcistes deviennent plus prudents dans le maniement du crucifix. Hystériques, épileptiques et autres schizophrènes passent désormais plus facilement entre les mains d'un docteur que d'un prêtre… Mais la pratique se maintient dans les diocèses locaux, et jusqu'aux couloirs du Vatican de nos jours.

RECLUSE

Exilée volontaire

On les appelle « reclusoirs » ou « recluseries ». Ces cellules exiguës (4 à 9 mètres carrés), qu'on peut encore apercevoir accolées aux murs de certaines églises, ressemblent à un défi lancé à la face du temps. Rien n'a changé depuis leur construction médiévale : des murs aveugles et nus, un sol de dalle froide, un filet de lumière grise filtrant à travers une fenêtre grillagée. Pour seul confort, une cheminée glacée ; pour seule décoration, un crucifix au mur. Une table, un tabouret, un lit de bois dur. *Home sweet home.*

Au Moyen Âge, la plupart des villes d'Occident se dotent de recluseries : Montpellier, Aurillac, Toulouse, Paris, Venise, Cologne, Bruges, Londres, Valladolid en abritent encore les vestiges. Installés sur les ponts, à l'angle des rues passantes ou dans les murs des églises, ces aménagements accueillent des « sentinelles spirituelles » dont la prière constante est censée repousser les pestes et les envahisseurs. Ce n'est pas un hasard si les reclusoirs sont accolés aux ponts ou aux portes de la cité : ils forment un rempart spirituel qui se superpose aux défenses matérielles.

La recluse (c'est une femme dans la plupart des cas) qui y vit a fait le serment de se consacrer à la prière et à la pénitence jusqu'au terme de sa vie. Elle prie pour les morts enterrés dans le cimetière voisin, pour la fertilité des terres, pour la protection de l'église et du donjon, pour l'opulence de la cité dont lui parvient le murmure étouffé. Elle prodigue conseils et bénédictions aux bourgeois qui viennent la consulter. Bref, elle honore une société qui ne la concerne déjà plus : en franchissant le seuil du reclusoir juste avant qu'on ne scelle l'entrée, elle a déjà – littéralement – un pied dans la tombe. D'ailleurs, la cérémonie qui précède cet enfermement est calquée sur les rites de l'enterrement : la recluse reçoit l'extrême-onction, entend un requiem, et devient dès lors « morte au monde » aux yeux de ses contemporains.

Attention, il ne s'agit pas d'une punition. C'est même un privilège très convoité qui n'est accordé qu'à une poignée d'individus. Si l'on associe aujourd'hui le terme de « réclusion » à une peine criminelle, le terme original, apparu au XIIe siècle en français, désigne une forme d'isolement volontaire, de retrait du monde. Dans la tradition chrétienne de l'époque, la piété religieuse se manifeste souvent par des exercices extrêmes : pèlerinages, privation de nourriture, flagellation des chairs… Dans ce contexte, le fait de renoncer complètement au monde, à l'instar des ermites ou des moines, est considéré comme une magnifique démonstration de piété. Peut-on consentir sacrifice plus grand ?

Très répandu au Moyen Âge, l'usage du reclusoir s'essouffle à mesure que la société occidentale s'émancipe de la tradition « pécheresse » du christianisme, notamment grâce à l'influence de la Réforme protestante. Lorsqu'on redécouvre, au XIXe siècle, ces logements de fortune murés depuis l'extérieur, on crie à la torture : relayant leur légende noire, Victor Hugo qualifie le reclusoir de « tombe anticipée » et sa résidente de « squelette vivant ». C'est oublier que le fait de s'enfermer volontairement à l'abri du monde avait ses vertus – notamment pour une femme du Moyen Âge. Ainsi retirée, elle pouvait être protégée des vices de la société, en particulier des viols collectifs qui sévissaient dans la plupart des communautés urbaines, et qui souvent conduisaient tout droit à la prostitution. On pouvait vivre avec un toit au-dessus de sa tête et recevoir nourriture et bois de chauffage, achevant une forme d'indépendance impensable pour ses homologues. On passait l'éponge sur une existence pauvre, jalonnée de traumatismes, pour se voir érigée en modèle de vertu, servant Dieu sans avoir à subir les coûts d'entrée au monastère. Bref, la solitude du reclusoir pouvait être synonyme de paix.

Du reste, malgré le froid et l'inconfort, on pouvait y vivre une existence remarquablement longue : au XVe siècle, Alix la Burgotte demeura 46 ans dans la recluserie parisienne des Innocents ! À sa mort, elle fut inhumée dans un tombeau de bronze et honorée par le roi Louis XI en personne. Bien entendu, toutes les recluses n'étaient pas des saintes : certaines furent condamnées à la réclusion pour leurs vices, tandis que d'autres, ayant embrassé la vocation très pieusement, ont été conduites au seuil de la folie par la solitude, suppliant qu'on les en libère... C'est chose faite à la fin du XVe siècle : passées de mode, les recluses sont rendues à la rue.

ORACLE

Emploi d'avenir

L'Antiquité gréco-romaine fait la part belle aux prodiges, prêtresses et autres mages capables de double-vue. Les citoyens les consultent pour trancher les décisions qui les préoccupent : le mariage, la guerre, les affaires... et souvent, « l'inspiration prophétique » de ces êtres supérieurs impose une vie chaste et isolée. C'est le sort de la Pythie, prêtresse d'Apollon à Delphes : « On exige que la Pythie se conserve pure de toute union charnelle, qu'elle vive constamment isolée, et loin de tout commerce avec une personne étrangère », note Plutarque au IIe siècle. Ses prédictions sont écoutées avec attention. Ainsi, le riche Crésus, roi des Lydiens, menacé par l'Empire perse voisin, vient l'interroger pour savoir s'il devrait passer à l'attaque. D'après Hérodote, on lui prédit alors que « s'il entreprenait la guerre contre les Perses, il détruirait un grand empire ». Soulagé, le prince lydien se met sur le pied de guerre, et se retrouve rapidement déconfit. L'empire dont on lui avait prédit la destruction se révèle être... le sien.

Reflet d'une tradition similaire, à Rome, le collège des vestales est institué dès le VIIe siècle avant notre ère. Prêtresses de la déesse du foyer Vesta, elles entretiennent un feu sacré au cœur du temple, dont on dit qu'il assure les fortunes de l'Empire. Choisies entre l'âge de six et dix ans, elles font vœu de chasteté et de pureté pendant les trente années suivantes... et gare aux contrevenantes ! Comme il est interdit de verser le sang d'une vestale, les suspectes d'actes de chair sont enterrées ou emmurées vivantes. En tant que gardiennes de la cité, investies de pouvoirs magiques, elles sont en première ligne des accusations lorsque Rome essuie de sérieux revers, et leur supplice permet de rassurer le peuple. En ce sens, l'oracle, intermédiaire des dieux, joue le rôle d'une sacrifiée.

Différentes incarnations de l'oracle antique traversent d'autres cultures – le druide de la civilisation celte, le *kuten* tibétain, les interprètes de runes dans les cultures nordiques. Toutefois, l'essor du christianisme balaye les oracles païens, et à la fin du XVIIe siècle, Fontenelle les enterre définitivement dans son *Histoire des oracles* (1686) en dénonçant leurs pratiques nourries de superstition et de surnaturel. Pourtant, la culture chrétienne reste perméable aux prédictions : en témoigne le vif succès des *Prophéties* de Michel de Nostredame, dit Nostradamus, ou les cours mêlées de mystiques et de devins qu'entretiennent les monarques européens en pleine Renaissance, à l'instar de Catherine de Médicis. Un mariage politico-ésotérique fait pour durer : durant leur présidence respective, François Mitterrand et Ronald Reagan eux-mêmes consulteront des astrologues, acceptant de soumettre certains choix politiques à l'assentiment des étoiles…

MANGEUR DE PÉCHÉS

Dernier repas

L'éclairage du salon a été tamisé. Dans ce petit cottage du Shropshire, à la frontière entre l'Angleterre et le Pays de Galles, on enterre un homme. Nous sommes en 1893. Le cercueil est exposé à la vue de tous – parents, amis, camarades venus rendre un dernier hommage au défunt. Conformément à une tradition vieille de quatre générations, on a placé un « biscuit funéraire » sur la dépouille. Un homme silencieux apparaît.

Cet homme – qui peut aussi être une femme, mais c'est plus rare –, c'est le « mangeur de péchés » (*sin eater*). Aux XVIIIe et XIXe siècles, dans les îles britanniques, il exécute un rite curieux lors de la veillée funèbre. Un morceau de gâteau (ou de fromage) a été religieusement posé sur la dépouille, que le mangeur de péchés avale sous les yeux de tous. On pense que cela débarrasse le défunt de ses mauvaises actions avant son départ vers l'au-delà. Une fois sa pitance terminée, « on lui remettait sa compensation, puis il était immédiatement éconduit et jeté hors de la maison au milieu des exécrations, et une pluie de bâtons, de cendres ou d'autres missiles était la bienvenue ». Drôle de façon de congédier un officiant !

Une autre tradition, peut-être plus tardive, voit simplement le mangeur de péchés s'asseoir devant la porte de la maison du défunt, puis se restaurer d'un quignon de pain et d'un peu de bière brune. Après quoi, « il se levait et sollicitait le repos du défunt, contre lequel il mettait en gage sa propre âme ». Le principe est le même, et l'absorption des péchés du défunt vise à « l'empêcher de marcher après sa propre mort ». C'est-à-dire de revenir hanter les vivants…

Quelle est l'origine de cet étrange rituel ? Les anthropologues s'interrogent. Portant sur ses épaules les fautes de ses contemporains, le mangeur de péchés n'est pas sans rappeler le bouc émissaire biblique : l'animal était symboliquement chargé des malédictions d'une communauté, puis chassé dans le désert. D'autres y voient plutôt le prolongement d'une tradition médiévale – celle qui voyait, lors de l'enterrement d'un noble, les gentilshommes distribuer de la nourriture aux pauvres en échange de leurs prières. Quoiqu'il en soit, le mangeur de péchés n'a pas une vie facile. En raison de son gagne-pain macabre, on le dit versé dans la magie noire, les incantations occultes et la communication avec les esprits. Véritable paria, honni par la communauté qui l'emploie, il mène une existence solitaire… Le tout contre une rémunération insignifiante : quatre à six pence, soit près d'un euro d'aujourd'hui. « Les hommes qui se lançaient dans une imposture si hardie devaient être tous des infidèles, capables de vendre leur droit de naissance contre un plat de lentilles », écrit l'auteure Catherine Sinclair en 1838. Seuls les miséreux s'y emploient, n'ayant d'autre opportunité de se mettre un peu de pain sous la dent.

Les dernières mentions du mangeur de péchés dans les traités des folkloristes se manifestent au début du XXe siècle, avant-guerre, et la coutume ne semble jamais avoir percé en dehors des îles britanniques. En revanche, la tradition de préparer des « gâteaux funéraires » (*burial cakes*) lors des enterrements se maintient aujourd'hui dans l'Angleterre rurale... même s'ils sont désormais avalés par les invités en deuil, et non le mangeur de péchés.

PLEUREUSE

Deuil à louer

Le deuil a longtemps été perçu comme une manifestation bruyante de chagrin. C'est pour cette raison que, dès l'Antiquité, on observe des pleureuses professionnelles se mêler au cortège funéraire. D'abord dans la tradition juive, commandée par les Écritures : « Ainsi parle l'Éternel des armées : Cherchez, appelez les pleureuses, et qu'elles viennent ! Et mandez les femmes sages, et qu'elles viennent ! Qu'elles se hâtent de dire sur nous une complainte ! Et que les larmes tombent de nos yeux, que l'eau coule de nos paupières ! » Leur rôle est simple : s'éplorer sur la dépouille au cours d'une mise en scène soignée. Que les larmes coulent, que les sanglots soient sonores : il ne faut pas verser dans la demi-mesure ! En Égypte antique, ce rite très populaire, observé notamment sur les tombeaux de Saqqarah (1330 av. J.-C.), fait écho à une mythologie bien particulière. La mort est considérée comme un passage, une succession d'épreuves dont le défunt doit triompher pour entrevoir le salut de l'immortalité. Alors deux pleureuses, représentant les déesses Isis et Nephtys – deux déesses-sœurs qui auraient rassemblé les parties du corps d'Osiris, démembré par Seth, afin de le pleurer –, se joignent à la procession pour lui servir de guide. Seules conditions d'accès : elles ne doivent pas avoir mis au monde et portent, tatoué sur l'épaule, le nom de la divinité qu'elles incarnent.

Les bas-reliefs gréco-romains immortalisent également le cortège funéraire. La cohorte de pleureuses, en avant de la procession, est commandée par une femme qui donne le ton des lamentations, comme une cheffe d'orchestre. Leurs jérémiades louent les vertus du défunt, « où le mensonge et la flatterie n'étaient pas épargnés ». Derrière elles s'avancent les pantomimes, acteurs masqués qui imitent le trépassé et le rappellent, quelques instants durant, à la vie. L'estime portée au défunt se manifeste alors dans la grandeur de la procession, qui ne concerne généralement que les citoyens issus d'une classe sociale aisée. Pour honorer leurs morts, les grands aristocrates romains organisent des combats d'esclaves sur la tombe de leurs aïeux (coutume qui donnera naissance à la gladiature) et des manifestations de chagrin qui frôlent parfois l'hystérie. On observe des « pleureuses à gages » s'arracher les cheveux, se griffer le visage jusqu'au sang dans un sursaut de réalisme. Cicéron s'indigne de « toutes ces différentes et ridicules manières de marquer le deuil ; ces lamentations, ces cris affreux de femmes, ces joues déchirées, ces seins meurtris ; ces têtes échevelées, ces habits en lambeaux ». Devant tant de théâtralisation, les autorités sont contraintes d'intervenir pour rendre aux funérailles un tant soit peu de solennité et de sobriété. Au VIe siècle avant notre ère, le législateur Solon défend aux pleureuses « de se meurtrir le visage aux enterrements, de faire des lamentations simulées, d'affecter des gémissements et des cris en suivant un convoi, lorsque le citoyen décédé n'était pas leur parent ».

La coutume semble perdre en popularité après la chute de l'Empire, même si elle reste prégnante en Orient, notamment en Chine (où il s'agit aujourd'hui encore d'une profession respectable). Elle continue cependant de se manifester sporadiquement ailleurs.

Une question demeure : ce métier était-il exclusivement féminin ? D'après les anthropologues, il a longtemps été socialement plus acceptable pour les femmes d'exprimer du chagrin et de l'émotion lors des enterrements, raison pour laquelle le rôle de pleureuse leur a été – et leur est encore dans certains pays d'Asie et d'Afrique – dévolu. Dans la tradition antique et médiévale, il est attendu de l'homme, en tant que chef de famille, de se montrer moins vulnérable ; « l'anormale agitation des sens » est considérée, jusqu'au XIXe siècle, comme une caractéristique féminine…

SONNEUR

Coups de foudre

Lorsqu'une cloche retentit dans un bourg médiéval, elle a toujours une signification bien particulière. Le carillon de l'Angélus appelle à la prière. Une clochette signale le passage d'une procession funèbre ou d'un cortège de lépreux. Si le glas sonne, c'est pour annoncer un décès. Le son du tocsin indique quant à lui l'urgence ou l'incendie. Dans les campagnes, les « dames de bronze » rythment le travail des paysans ; en ville, elles annoncent l'ouverture du marché, la fermeture des cabarets, le couvre-feu, les fêtes populaires. Enfin, la nuit, le clocher guide les voyageurs égarés et les pèlerins embourbés dans la neige.

C'est dire l'importance du sonneur dans la société médiévale. Il n'est rien de moins que le garant des temps, des offices, et du bon déroulement du quotidien de chacun. Pour la population du Moyen Âge, en grande majorité analphabète, rien ne vaut un signal auditif pour transmettre un message précis. Après l'an mil, le royaume s'hérisse de clochers : « C'était comme si le monde entier se libérait, rejetant le poids du passé et se revêtait d'un blanc manteau d'églises », se réjouit le moine Raoul Glaber. Autant de beffrois et de clochers où suspendre les avertisseurs de l'époque… et employer des sonneurs à plein temps.

Pour faire tinter les cloches, deux méthodes cohabitent : les actionner à l'aide d'une corde ou les frapper avec un marteau. Si la profession peut rendre sourd, ça n'est pas nécessairement le plus grand risque qui pèse sur les sonneurs médiévaux. Car les cloches dont ils ont la garde possèdent, dit-on, des pouvoirs surnaturels. Elles repoussent les orages, assimilés aux esprits malveillants, éloignent la peste et épouvantent les envahisseurs. Ne sont-elles pas, après tout, arrosées d'eau bénite lors de leur inauguration ? Les inscriptions gravées dans leur cuivre ou leur bronze en témoignent : « Le son de cette cloche triomphe des tempêtes, repousse les démons, et invoque les hommes », peut-on lire sur l'une d'elles. « Je dissipe les orages », proclame une autre. En conséquence, il est recommandé de faire tinter les cloches de l'église lorsque le tonnerre se fait entendre… Mission en laquelle les sonneurs sont vivement encouragés par les paysans, inquiets de voir les orages coucher leurs récoltes.

Grave erreur : le clocher étant généralement l'édifice le plus élevé du bourg, cela en fait une cible privilégiée des coups de foudre. Bon nombre de sonneurs meurent électrocutés – même ceux qui les actionnent prudemment du bout d'une corde, cette dernière étant encore ruisselante de pluie. À la fin du XIXe siècle en France, on avance le chiffre de « 324 clochers frappés par la foudre et 103 sonneurs imprudents foudroyés » en seulement trente-trois ans. Étonnamment, lorsque les dangers d'une telle pratique sont évoqués, le clergé répond que le sonneur a peut-être été un peu lent ou maladroit, ce qui justifie son sort. D'autres vont plus loin, exigeant qu'on retire la paie du sonneur – souvent monnayée en bière ou en cidre – si le clocher est frappé par la foudre sous sa supervision. Et que dire de ce sonneur savoyard, lapidé par ses concitoyens pour avoir refusé de monter au clocher par gros temps ?

Les accidents perdurent jusqu'au début du XXe siècle, tenant lieu de faits divers ruraux. On peut ainsi lire en une du *Petit Journal* du 11 septembre 1910 : « Pendant un orage, le sonneur de Ladepeyre (Aveyron), Pierre Boudes, alors que les paysans tremblaient pour leurs récoltes, monta au clocher pour tenter de conjurer le danger en sonnant les cloches, suivant un préjugé indéracinable dans nos campagnes. Il ne les avait pas plus tôt lancées en volée que le son cessa brusquement. L'imprudent avait été foudroyé. » Fort heureusement, Benjamin Franklin invente le paratonnerre en 1752, ce qui entraîne une baisse drastique du nombre d'incidents. Décriée à ses débuts, notamment par les autorités religieuses (on pense encore que les coups de foudre manifestent la colère divine, qu'il est de mauvais aloi de domestiquer), sa « baguette hérétique » finira par avoir raison des paroissiens imprudents. Lui-même en fait installer une sur le clocher de l'église de Saint-Clément d'Arpajon en 1782.

Si leurs effectifs déclinent fortement à partir de 1850, c'est parce que les carillonneurs sont progressivement remplacés par des dispositifs automatisés. Très marginal, le métier de sonneur subsiste tout de même en France, à la faveur de traditions entretenues localement ou de performances musicales. Mais ils sont encore 40 000 à exercer cette activité outre-Manche… Le maintien de la fonction en Angleterre s'explique par une différence culturelle : le carillon y est considéré comme un art et des dizaines de sociétés et de clubs y sont consacrés. Les sonneurs britanniques sont-ils toujours menacés par les coups de foudre ? Une enquête de 1990 révèle que leur travail est moins risqué que jadis. Aucun incident lié aux éléments n'a été reporté : les « campanologues » sont majoritairement sujets à l'arthrite et aux doigts brisés dans les cordages. Toutefois, sur les 221 sonneurs étudiés, cinq ont connu un accident mortel dans le cadre de leurs fonctions, et deux se sont suicidés sur leur lieu de travail. Pour qui sonne le glas…

CRIEUR DE MORTS

L'article de la mort

On le connaît sous plusieurs noms : campanier, clocheteur des trépassés, sonneur des morts… Sa spécialité ? La rubrique nécrologique. Parfois précédé par un roulement de tambour, c'est lui qui annonce à la populace les noms des défunts et l'heure de leurs funérailles.

Recensés en France depuis l'aube du XIIIe siècle, les crieurs participent au cortège funéraire, agitant une ou plusieurs clochettes pour attirer l'attention des badauds et solliciter leurs prières. Leurs tintements ne servent pas uniquement à percer le vacarme des places publiques : ils ont également une fonction symbolique, prélude au glas des cérémonies funéraires, éloignant les esprits malfaisants. Le nombre de coups de cloche varie : souvent, il y en a autant que le disparu a vécu d'années. Lorsque la « sonnerie de l'agonie » retentit, les plus pieux s'agenouillent sur le seuil de leur maison. À l'époque, la mort est profondément ancrée dans la superstition, et ces clocheteurs sont une tradition parmi mille autres : on couvre les ruches d'un drap noir, on voile les miroirs, il arrive même – plus tardivement – que l'on retire une tuile du toit pour que l'âme du trépassé puisse aisément gagner le Ciel.

Embauchés par la famille du défunt, les sonneurs orchestrent la dernière cérémonie. Ils témoignent également de la condition sociale du trépassé : si huit crieurs arpentent la capitale après la mort du prince Jean du Berry, fils du roi Jean II, en 1416, ils sont 24 « tous vêtus de robes et chaperons de deuil » à annoncer la mort du roi Charles VII un demi-siècle plus tard.

La rémunération est variable : une poignée de deniers, un objet ayant appartenu au défunt (ainsi une paire de souliers usés donnée au crieur d'Orange au XIIIe siècle), voire un salaire fixe si le crieur est attaché à des fonctions permanentes. À Paris, en effet, les crieurs sont organisés en confrérie depuis Philippe Auguste (XIIIe siècle), et utilisent leur voix puissante à bien des égards. Placés sous la responsabilité du Prévôt des Marchands, « les crieurs de vin et de corps » assurent la publicité des tavernes locales et proposent des échantillons aux badauds. D'autres annoncent les fêtes à venir, le prix des denrées agricoles, les édits royaux ou les cas d'enfants perdus. Le tout dans une joyeuse cacophonie.

Cette curieuse profession n'a pas été affectée par l'infamie qui souille d'autres fonctions macabres. Au contraire, tout porte à croire que le rituel funéraire médiéval était codifié comme une célébration bruyante, noyée dans les gémissements des pleureuses et le son des cloches, où le crieur jouait un rôle prépondérant. Une anecdote rapporte comment les Marseillais, décimés par la peste en 1720, se ragaillardissent en entendant défiler un corbillard à clochettes dans la cité. En effet, les milliers de pestiférés enterrés à la hâte n'ont pas eu cet honneur : voir passer un cortège funèbre en plein jour signifie donc que le fléau s'apaise !

À partir du XVe siècle, la démocratisation de l'imprimerie popularise l'usage d'affichettes nécrologiques. De manifestation publique proclamée tout haut, les obsèques deviennent peu à peu un moment de discrétion et d'intimité. Distribués en place publique ou sur le parvis de l'église, les billets d'enterrement deviennent monnaie courante au XVIIe siècle : ce sont les ancêtres de nos faire-parts. La presse reprendra le flambeau au siècle suivant. Le crieur des morts a déjà un pied dans la tombe.

CHASSEUR DE PRÊTRES

Mauvaise foi

Dans le secret d'un manoir des Midlands, en Angleterre, un homme prend la parole. Les rideaux sont tirés, l'éclairage tamisé : vraisemblablement, on ne souhaite pas attirer l'attention. Un guetteur aux abois jette des regards nerveux vers les fenêtres. Un autre se tient près du « trou-au-prêtre » : en cas d'alerte, il faudra faire vite. Impassible, l'homme qui se tient debout entame un chant latin d'une voix claire. Avec la complicité des vieilles pierres et de la pluie, une poignée de Catholiques célèbre une messe clandestine.

Au début du XVIe siècle, un vent nouveau souffle sur l'Europe. La Réforme protestante, entamée par Martin Luther en 1517, gagne chaque jour de nouveaux partisans. Les idéaux du moine allemand séduisent : on dénonce la vente des indulgences, ces pardons monnayés par l'Église, et on place l'humanité dans une perspective de salut plutôt que de damnation éternelle. Il y a tout à gagner. « Si on ne peut pas rire au paradis, je ne veux pas y aller », raille Luther. Flairant le bon coup, le roi Henri VIII en profite : il embrasse les thèses protestantes et consacre l'Angleterre anglicane en 1531, s'affranchissant du même coup de la tutelle du pape. Du jour au lendemain, les catholiques sont devenus hors-la-loi.

Soucieux de garantir sa nouvelle indépendance, Henri VIII multiplie les persécutions. Il bannit les séminaires, interdit les publications de l'Église catholique, jugule le trafic de rosaires et d'images pieuses. En outre, il crée une milice impitoyable chargée de traquer les religieux en fuite. Ceux qui n'ont pas pris le chemin de l'exil se sont réfugiés dans les manoirs des nobles, dans le Nord du pays, où ils participent à des messes clandestines. Leurs poursuivants se frottent les mains : chaque prêtre capturé vaut une prime juteuse. La chasse à l'homme peut commencer…

Les chasseurs redoublent d'inventivité pour parvenir à leurs fins. Ils interceptent les lettres, investissent les cérémonies secrètes, emploient la torture. Travestis en officiants catholiques, ils infiltrent les cercles de prêtres renégats. Ces « loups en habits de moutons » utilisent tous les artifices de l'espion : codes secrets, déguisements, informateurs, descentes inopinées. Ils se font même emprisonner dans des geôles bourrées de suspects afin de leur arracher, sous couvert de sympathies religieuses, une confession ! Au terme d'une chasse impitoyable qui se maintient jusqu'au début du XVIIIe siècle, notamment en Irlande, de nombreux prêtres sont exécutés pour haute trahison. Le divorce entre catholiques et protestants est consommé. Aujourd'hui, bien que cinq siècles aient passé, ces deux Angleterre ne sont toujours pas réconciliées : en vertu d'une loi de 1701, tout membre de la famille royale devra, s'il souhaite se convertir au catholicisme, renoncer à la couronne...

MUET FUNÈBRE

Tête d'enterrement

Chaque civilisation a sa façon de considérer le deuil. Imprégnée de ses coutumes, elle nous renseigne ainsi sur son rapport à la mort et à l'au-delà. Tantôt bruyante et éplorée, tantôt discrète et effacée, la célébration du trépas varie selon les époques et les cultures. Une profession apparue en Angleterre dans les années 1850 l'illustre parfaitement : celle de muet funèbre.

Assistant du fossoyeur, entièrement vêtu de noir et souvent coiffé d'un haut-de-forme, il est chargé de se poster à l'entrée d'une maison en deuil et d'accompagner le corbillard sans mot dire, affichant une sombre mine de circonstance. Évidemment, c'est rarement une occupation à plein temps, mais elle permet aux laboureurs de l'arrière-pays anglais d'en tirer un complément de revenu (et du gin gratis lors de la veillée funèbre). Charles Dickens, dont le héros Oliver Twist campe un muet funèbre habitué des enterrements d'enfants, ironise également dans

Martin Chuzzlewit : « À la porte de la maison étaient deux muets, se donnant l'air aussi triste qu'on pouvait raisonnablement l'exiger de gens qui faisaient une si bonne affaire. »

TROISIÈME PARTIE

(Incon)sciences

APOTHICAIRE

Comme un poison dans l'eau

Leur travail, c'est la santé. Les apothicaires sont les ancêtres de nos pharmaciens, à ceci près que leurs ordonnances soulèveraient aujourd'hui bien des cœurs et des sourcils. Concoctions à base d'excréments, images pieuses, saignées, « poudres de sympathie »… Passés maîtres dans l'art de préparer sirops, breuvages, onguents et clystères, les apothicaires du Moyen Âge sont régulièrement consultés et leurs prescriptions suivies à la lettre.

Il est difficile d'identifier les racines tortueuses de la profession, qui remonte à l'Antiquité ; cependant, les statuts des apothicaires français sont établis à partir du XIIe siècle. C'est à cette époque que ceux-ci s'organisent en corporations et prennent pignon sur rue. Avant cela, ils étaient indissociables des marchands de remèdes ambulants, faisant sur le bord des routes la promotion d'élixirs miraculeux. L'ère médiévale voit donc fleurir leurs échoppes, toujours garnies d'objets insolites : insectes séchés, bocaux de faïence étiquetés en latin, instruments hétéroclites, alambics. Étonnamment, les apothicaires proposent aussi des denrées exotiques, comme du sucre ou des épices. Signe que leur science médicale ne s'est pas encore affranchie des superstitions religieuses, des *ex-voto* – offrandes symbolisant qu'une grâce divine a été accordée – sont également disponibles à la vente. L'apothicaire administre enfin des lavements, ce qui lui vaut à Paris le surnom cocasse de « limonadier des postérieurs » ! Érudit, fin connaisseur des propriétés animales et végétales, l'apothicaire est aussi un travailleur minutieux qui concocte ses mixtures au gramme près (et exige parfois des sommes mirobolantes en contrepartie). Ne dit-on pas aujourd'hui d'une personne qui chipote ses frais qu'elle fait « des comptes d'apothicaire » ? On comprend mieux sa pinaillerie en décortiquant les risques de la profession : car les tambouilles toxiques de l'apothicaire ne manquent pas de lui monter à la tête. Les mélanges de plomb et de mercure, destinés à des crèmes de beauté (c'est en s'en barbouillant que Maria Coventry, beauté notoire du XVIIIe siècle, succombera d'un empoisonnement du sang à l'âge de 27 ans), dégagent des vapeurs qui provoquent la chute de dents, la paralysie, voire la cécité.

En outre, si l'apothicaire a associé son nom a de macabres besognes, c'est pour la simple et bonne raison que son érudition l'a parfois rendu complice des empoisonneurs… L'origine du terme trahit d'ailleurs cette occupation : en grec ancien, la *pharmakeia* désigne l'art subtil de doser les remèdes et les poisons. Ainsi la retentissante « affaire des poisons », qui éclabousse la cour de Louis XIV à partir de 1679, vient-elle ternir la réputation de l'apothicaire Glaser, embastillé pour sa peine. D'autres commerçants de venins y participent sans le savoir ; il faut dire qu'à l'époque, les apothicaireries regorgent de produits toxiques destinés à éliminer rongeurs et autres nuisibles... De quoi alimenter le fructueux commerce des « poudres de succession ». La marquise de Brinvilliers, coupable d'avoir empoisonné son père, sa sœur et ses deux frères, avoue sous la torture que « la moitié des gens de condition [...] sont engagés dans ce misérable commerce de poison ». Un véritable coup de tonnerre sous les fenêtres du Roi-Soleil !

Ce scandale d'État pousse les autorités à surveiller plus étroitement les « officines à poison » qui se confondent avec les apothicaireries de Paris. L'édit royal du 31 août 1682 oblige les apothicaires à tenir registre des quantités de substances toxiques achetées, des noms et demeures des marchands, et limite leur périmètre de vente. Ce durcissement de la réglementation prévient les crimes d'empoisonnement au cours des décennies suivantes. Enfonçant le clou, Louis XVI renforce les contrôles en 1780, après qu'une « liqueur assoupissante, narcotique et pernicieuse » a décimé villes et campagnes. En 1777, le roi remplace le Jardin des Apothicaires par le Collège de Pharmacie.

Les apothicaires ne courent plus les rues du XXIe siècle, supplantés par les pharmaciens en blouses blanches, mais ces derniers continuent d'honorer l'érudition de leurs prédécesseurs. Aujourd'hui encore, on peut remettre le produit de sa cueillette de champignons sauvages au pharmacien du coin, qui vérifiera s'ils sont comestibles... À moins qu'un aïeul vénéneux sommeille encore en lui.

BARBIER-CHIRURGIEN

Lame en peine

Profession typique de l'ère médiévale, malheureusement saturée de stéréotypes, la fonction de barbier-chirurgien apparaît timidement autour du XIe siècle en Occident. Ce, grâce à la clientèle des moines, dont la tonsure réglementaire les oblige à se faire raser régulièrement. Disposant d'une panoplie de lames en tous genres, le barbier rallonge bientôt son maigre pécule en prenant à son compte quelques tâches médicales. Il faut bien gagner sa vie !

À l'époque, les docteurs sont de simples consultants – des intellectuels formés à l'école de médecine – qui ne pratiquent pas d'opérations. Le tabou du sang est encore vivace, et souille les professions jugées « impures » : boucher, bourreau ou chirurgien. À Paris, les barbiers s'organisent en métier à partir de 1373, se mettant en tête « de soigner les pauvres gens ». Un siècle plus tard, la Guilde des Barbiers s'établit à Londres, puis mute en Confrérie des Barbiers-Chirurgiens au milieu du XVIe siècle. Leurs enseignes s'attribuent un symbole encore utilisé de nos jours : le poteau de barbier, à fond blanc et liseré rouge, rappelant les bandages qui viennent fermer les plaies ouvertes par une saignée.

On touche à l'une des tâches les plus communes du barbier-chirurgien : l'exécution de saignées, un prélèvement de sang censé purger le corps de ses excès humoraux. D'abord l'affaire de moines (décidément), qui voient dans ce prélèvement volontaire une forme de pénitence, les saignées sont bientôt plébiscitées par toutes les couches sociales. Une véritable mode qui culmine à la Renaissance. Mauvaise idée : la perte de sang a tendance à affaiblir les malades et à achever les mourants... Cela n'empêche pas les têtes couronnées de se faire tirer le sang à leur tour, conférant à leurs raseurs un prestige qui n'avait jamais effleuré la profession. « Tous les princes et seigneurs eurent dès lors leur barbier privé, premier valet de chambre vivant dans leur intimité, comme celui du roi de France qui bénéficia aux XIVe et XVe siècles d'une audience plus grande que les médecins et chirurgiens attachés à la cour. »

En dehors des saignées, les barbiers-chirurgiens administrent quelques lavements, appliquent des sangsues médicinales, soignent les abcès et les rages de dents. Une amputation de temps en temps, pour joindre les deux bouts. Et bien sûr, ils rasent. Qu'on se rassure, ce ne sont pas des bouchers : ils traitent hernies, calculs rénaux, fractures ou cataractes avec une habileté sans pareille, et anesthésient même leurs patients à l'opium ! Mieux encore, à partir de la Renaissance, leur formation en médecine est assurée par leurs détracteurs d'antan – ces docteurs qui refusaient de se salir les mains –, garantissant leur maîtrise de l'anatomie. Ambroise Paré, l'un des pionniers de la chirurgie moderne, commence son apprentissage auprès d'un barbier-chirurgien avant de se rendre à Paris dans les années 1530. Même trajectoire pour Jacopo da Carpi, fils de barbier-chirurgien italien, qui ouvre la voie aux grands anatomistes transalpins du début du XVIe siècle.

L'intellectualisation de la chirurgie est en marche, et va procéder du déclin des barbiers-chirurgiens. Déjà, sous Louis XIV, Molière moque les traitements expéditifs des médecins de son temps, accusés de posséder « une impétuosité de prévention, une raideur de confiance, une brutalité de sens commun et de raison ». Une ordonnance royale de 1743 scelle leur sort. Louis XV distingue définitivement le barbier et le chirurgien, ce dernier perdant le droit « de faire l'exercice de la barberie ». L'année suivante, le Parlement de Londres décapite à son tour la guilde des barbiers-chirurgiens. En France, l'Académie Royale de Chirurgie, tout juste fondée, ramène chirurgiens et médecins sous le même toit. Les barbiers se consolent en confectionnant des perruques qui feront fureur... Du moins jusqu'à la Révolution, qui verra nombre d'entre elles tomber au bout des têtes qui les portent.

CORBEAU

Oiseau de mauvais augure

Au milieu d'un champ semé de morts, une silhouette lugubre s'avance. Coiffé d'un chapeau à bords plats, affublé de gants, de bottes et d'un grand manteau noir, le corbeau doit son surnom à l'élément le plus lugubre de son accoutrement : un masque métallique en forme de bec d'oiseau, attesté seulement à partir du XVIIe siècle en Europe. Cette excroissance renferme diverses substances aromatiques – lavande, épices, camphre – afin d'éloigner la maladie qui, dit-on, se transmet par les mauvaises odeurs.

Ce médecin hérite d'une tâche bien difficile : soigner des pestiférés fiévreux, délirants, et hautement contagieux. Ces derniers rendent habituellement l'âme en quelques heures. « La mort était subite, écrit l'historien Grégoire de Tours dès le VIe siècle ; il naissait dans l'aine ou dans l'aisselle une plaie semblable à la morsure d'un serpent, et ce venin agissait tellement sur les hommes qu'ils rendaient l'esprit le lendemain ou le troisième jour. » Les traitements les plus recommandés ? L'incision des bubons, les saignées, des potions d'aloès ou de myrrhe, et bien sûr une double dose de messes et de prières aux saints guérisseurs. Incapables de retracer les origines de cette mystérieuse pestilence, les savants blâment l'action des corps célestes : « Les conjonctions d'astres errants peuvent engendrer un air malsain », professent les docteurs de la Sorbonne.

En Asie, les voyageurs sillonnant la Route de la Soie contaminent la plupart des comptoirs marchands, ce qui contribue à répandre l'épidémie. À Caffa, comptoir génois de Crimée assiégé par les Tatars en 1345, les hordes du sultan Djanibeg catapultent des cadavres de pestiférés par-dessus les remparts pour empoisonner la cité. Cette manœuvre contribue à pousser les souches de la peste jusque dans les cales de navires italiens, qui la rapportent en Méditerranée. La peste noire vient d'entrer en Europe. Elle y fera plus de cent millions de victimes en l'espace de quatre années, dont 40 % de la population française. Face à une contagion aussi spectaculaire, les médecins traditionnels – apothicaires et chirurgiens – évacuent rapidement les cités contaminées. Ils risquent eux aussi de contracter l'épidémie, et préfèrent, comme la majorité de la population, prendre la fuite ! Restent les corbeaux, médecins improvisés prescrivant des remèdes pour le moins originaux : poudre d'émeraude, vitriol, bézoard, genièvre, armoise, romarin, vinaigre, venin de scorpion ou de crapaud. Des solutions très odorantes ou des substances venimeuses, puisque l'on estime à l'époque que « le pareil attire le même » et que la meilleure option est de soigner le mal par le mal. Mais les décès se multiplient, et les cimetières, bondés, ne peuvent accueillir chrétiennement toutes les victimes.

Entre alors en scène une seconde sorte de corbeau médiéval. Car ce dernier n'est pas seulement médecin ; c'est également le fossoyeur de peste, qui hérite d'un rôle aussi crucial que son homologue soignant. En effet, les cadavres en décomposition s'amoncellent bientôt dans les rues, offrant un véritable banquet aux insectes nécrophages et propageant l'épidémie. Pour la ralentir, des fosses communes sont creusées à la hâte par des ensevelisseurs. Composée des fossoyeurs habituels de la cité, mais aussi de religieux volontaires ou de bagnards à qui l'on promet la liberté en échange, cette brigade empile les dépouilles « comme des lasagnes » pour reprendre une expression d'époque (peut-être parce que la pandémie infecte d'abord l'Italie ?) et les confine six pieds sous terre. Parfois, ce sont des femmes qui sont réquisitionnées pour cet office : c'est le cas à Dijon en 1558 ou à Londres en 1665. Ces petites mains n'ont souvent que quelques heures devant elles : lorsque la peste frappe Marseille en 1720, on estime qu'un fossoyeur ne peut travailler que quarante-huit heures avant de contracter la maladie à son tour.

On ne s'étonnera pas alors de voir des corbeaux piller les maisons de pestiférés, désertées en masse au pic de l'épidémie. Quatre corbeaux sont ainsi pris sur le fait à Toulouse. Torturés, ils révèlent le secret qui les avait préservés de la contagion : ils s'enduisaient le corps d'un mélange de vinaigre, d'ail et de lavande – une solution odorante mais judicieuse, le vinaigre repoussant les puces charriant la maladie ! Les voleurs sont pendus et la recette du « vinaigre des quatre voleurs » immédiatement popularisée dans les traités prophylactiques. Ces faits divers ne sont pas rares. À Marseille, des témoignages font état de fossoyeurs indélicats qui chargent sur leurs tombereaux des personnes encore vivantes afin de s'épargner un voyage supplémentaire… et bien souvent inéluctable.

En première ligne de la Grande Pestilence, les corbeaux, tout comme les prêtres et les veilleurs de malades, sont les professions les plus meurtries par l'épidémie. « La présente pestilence, dont la contagion se répand en tous lieux, a laissé beaucoup de paroisses vides de prêtres, regrette l'évêque de Bath en 1349. Comme on n'en trouve plus […], de nombreux malades décèdent sans les derniers sacrements. Annoncez à tous que, s'ils sont sur le point de mourir, ils peuvent se confesser les uns aux autres, et même à une femme. » Quant aux corbeaux, ils s'envolent avec la dernière grande épidémie de peste, en 1722.

ALCHIMISTE

Chercheur d'or

Dans la fumée des alambics, une silhouette s'active, penchée sur une table couverte d'instruments hétéroclites. Ses gestes sont mesurés, prudents. Elle inspecte des grimoires couverts de signes astrologiques, secoue quelques fioles aux contenus étranges, renifle des bains chimiques aux odeurs âcres. Que fait-elle ? Une personne qui la surprendrait pourrait croire qu'elle s'adonne à quelque sombre expérience de magie noire… Rassurez-vous : cet « initié » n'est qu'un humble adepte de l'alchimie et, comble de la surprise, il s'appelle Isaac Newton.

Avant de formuler la théorie de la gravitation universelle, qui le rendra célèbre dans le monde entier, le savant anglais se passionne pour les expériences alchimiques. Plus jeune, il habitait le grenier d'un magasin d'apothicaire. À la fin des années 1660, il poursuit ses recherches fumeuses dans son laboratoire de Cambridge, couchant plus d'un million de mots – davantage de mots qu'il en consacrera aux mathématiques ! – sur le sujet. Son but ultime : parvenir à synthétiser la pierre philosophale, objet légendaire qu'on dit investi de pouvoirs miraculeux… Hélas, Newton n'y parviendra jamais. À sa mort, en 1727, la plupart de ses écrits ésotériques, jugés « sensibles » par ses héritiers, sont remisés au placard. On ne les découvrira que très tardivement, lors d'une vente aux enchères organisée deux siècles plus tard.

Newton n'est pas le seul savant à avoir trempé dans l'alchimie. Apparue dans l'Antiquité, peut-être en Grèce ou en Égypte autour du IVe siècle, cette dernière connaît son âge d'or aux XVIe et XVIIe siècles en Occident. On pourrait imaginer que la Renaissance et l'âge de raison auraient jeté un froid sur la discipline : il n'en est rien. Bien au contraire, l'époque est encore bercée de merveilleux et de magie. On croit encore aux malédictions, aux prémonitions, aux anges et aux démons. On porte des talismans contenant des pierres de guérison. On voit des vampires rôder dans l'Europe de Voltaire, on croit entendre des fantômes murmurer dans les placards de Kepler. Dans ce contexte, est-il vraiment surprenant que des apprentis chimistes tentent de percer les secrets de cet art mystique ? D'autant que ceux qui s'y adonnent sont autant de médecins, d'érudits, de théologiens ou de philosophes respectés. Ils enseignent leur science à l'université ou sont invités à s'asseoir à la table des puissants. Leur savoir se transmet dans les livres, publiés à grand tirage en latin, en allemand ou en français. Grâce à l'essor de l'imprimerie, les anonymes peuvent également se consacrer à cette pratique en déchiffrant les instructions de leurs pairs.

Car l'alchimie (qui, à l'époque, n'est pas distincte de la chimie) est un art nébuleux. Plus qu'une science, c'est un condensé de religion, de philosophie, de biologie, de spiritualité, le tout saupoudré d'une bonne dose d'ésotérisme. Elle cherche néanmoins à imiter les lois de la Nature, particulièrement sa capacité à transcender les matériaux, à l'image des diamants qui s'éveillent dans les entrailles de la Terre. Les alchimistes en quête du « grand œuvre » (*magnum opus*) souhaitent seulement accélérer le processus. Il leur faut donc, à partir d'une matière première brute, chercher à la sublimer, à en extraire l'essence, « l'âme » la plus pure. Comment ? Plusieurs étapes sont nécessaires : cuissons en fourneaux, distillation en alambics, purifications successives... Tout en prenant en compte des paramètres très précis allant de la température à l'humidité ambiante en passant par la conjonction astrale. Ce processus, souvent infructueux, peut prendre jusqu'à neuf mois. Le temps d'une grossesse.

Mais le travail en vaut la peine. Sous sa forme liquide, l'élixir ainsi obtenu doit conférer à son propriétaire une vie incroyablement longue, voire éternelle. Un obscur manuel de 1386 intitulé *Practica vera alkimia* (« La vraie pratique alchimique ») promet que ce sérum sera « plus précieux que la médecine de Galien, d'Avicenne, d'Hippocrate, ou tout autre docteur, avec la capacité de retirer, de déraciner, de purger et d'évacuer toutes les infirmités du corps humain ». Rien que ça ! Sous sa forme solide, le « grand œuvre » doit déboucher sur la pierre philosophale, que l'on reconnaît facilement à sa couleur de rubis. Une alchimiste professe en 1573 que cette relique est capable de faire « mûrir » l'enfant dans le ventre de sa mère, écourtant les périodes de gestation à quatre semaines... Une autre de ses propriétés serait de changer tous les métaux « vils » en or pur. On comprend mieux pourquoi autant d'individus s'y sont sali les mains : princes, papes et souverains espéraient ainsi se couvrir de richesses faciles. Pour ne pas compromettre le travail des « initiés », le Parlement anglais a même abrogé une loi qui interdisait la fabrique d'or et d'argent, assimilée au faux-monnayage, en 1689 !

Hélas, en dépit des belles promesses des alchimistes, rares sont ceux qui peuvent profiter pleinement de leur retraite. Car on constate rapidement qu'ils sont, au mieux, de curieux illuminés, au pire, des charlatans engloutissant des fortunes dans leurs expériences. Le puissant mécène qui s'estime lésé après avoir financé leurs élucubrations peut facilement ordonner leur emprisonnement, voire leur exécution sommaire. Et parfois, cette précaution ne s'avère même pas nécessaire. Manipulant imprudemment des éléments chimiques dangereux, notamment le mercure, les alchimistes succombent de temps en temps à leurs propres expériences, s'empoisonnant accidentellement ou mettant le feu à leurs ateliers. Et ainsi, si certains de leurs traités ont survécu jusqu'à nous – notamment grâce à Newton, qui assembla l'une des plus vastes bibliothèques alchimiques –, leurs secrets semblent s'être évanouis dans la fumée de leurs laboratoires.

Et après ? À partir du XVIIIe siècle, la chimie, en tant que discipline scientifique, se défait du corpus ésotérique qui avait accompagné ses débuts. L'alchimie, sa grande sœur mystique, continue d'être pratiquée en secret, mais ses tenants sont assimilés aux magiciens, aux oracles et aux astrologues qui ont déserté les chemins de la raison pour les voix du cosmos. En parallèle, les « vrais » chimistes, comme Lavoisier en France, commencent à tirer des leçons de leurs prédécesseurs. Ils constatent rapidement que, si les initiés n'ont jamais pu synthétiser la pierre philosophale ou l'élixir de longue vie, ils sont à l'origine d'expériences scientifiques pionnières. Les alchimistes ont réalisé les premiers alliages métalliques et peaufiné des techniques de laboratoire comme la sublimation ou la distillation. Ils ont produit des composants de synthèse comme les solvants, les alcools et les acides que l'on utilisera plus tard pour la peinture à l'huile ou les bains photographiques. Qu'on le veuille ou non, le bagage de connaissances alchimiques alimente encore, de nos jours, le travail des chimistes sur leurs paillasses. La longue vie qui leur avait été promise a donc fini par se matérialiser…

PHRÉNOLOGISTE

Délit de faciès

Montre-moi ton crâne, et je te dirai qui tu es ! Telle pourrait être, grosso modo, la maxime des phrénologistes dont les discours percent en Europe au XIXe siècle. Dans cette époque troublée, excitée par l'industrialisation, alcoolisme, misère, épidémies et criminalité coagulent le cœur des grandes métropoles. Les rues bouillonnent d'exclus et de malfaiteurs en puissance. Face à la recrudescence des vols, des meurtres et des vagabondages, les autorités doivent sévir… C'est sans doute pour cette raison qu'elles s'intéressent pour un temps à la doctrine dite « phrénologique », une branche naissante de la criminologie qui prétend expliquer les errements de l'âme humaine par… la forme des crânes.

Le neurologue allemand Franz Joseph Gall est considéré comme l'un des pères de la discipline. C'est lui qui conçoit, au début du XIXe siècle, une « carte du cerveau », dont chaque portion est associée à une activité particulière : l'amitié, la bienveillance, l'espoir se manifesteraient par des reliefs sur la structure même du crâne. Croyant dur comme fer à ses instincts, Gall étudie des centaines de cobayes, des fous tirés de l'asile aux poètes lyriques en passant par les philosophes et les assassins. Au milieu des moulages crâniens, des squelettes de criminels ou des masques mortuaires, il élabore une théorie révolutionnaire : le crâne refléterait les prédispositions naturelles d'un individu ! Selon lui, la forme crânienne est autant un indice des vertus de son propriétaire que de certains « instincts carnassiers » prédisposant à la violence. Des phrénologistes de la première heure tentent de vérifier ses dires en analysant les restes de criminels condamnés à mort : sur leurs crânes encore frais, ils croient voir la « bosse du crime » qui aurait causé leur incursion dans l'illégalité.

Si Gall meurt en 1828, pleuré par quelques admirateurs mais ignoré par la communauté scientifique, il connaîtra des successeurs. Ses ouvrages sont lus en Angleterre, en Scandinavie, en Espagne, en Allemagne et jusqu'en Amérique. En France, la Société phrénologique est instituée à Paris en 1831, mais ses partisans ne sont pas vraiment pris au sérieux. Assistant à un de leurs débats en 1833, un journaliste du *Figaro* s'en amuse : « Je ne peux pas rendre compte de la séance, car je dormis la plupart du temps. Cela devait arriver infailliblement, vu que j'ai la bosse du sommeil, ou pour parler crâniologiquement, une protubérance dormitive. » Même si les tenants de ces doctrines sont ridiculisés, la théorie du « criminel-né » fait son chemin. De l'autre côté des Alpes, le savant italien Cesare Lombroso poursuit la croisade de son prédécesseur. Selon lui, plus la structure crânienne d'un individu est proche de celle des primates, plus il serait disposé à se faire malfaiteur… Lombroso ébauche petit à petit une théorie des races calquée sur la « complexité » des boîtes crâniennes, avec les Africains en bas de l'échelle et les Européens au sommet. Il réalise la synthèse de sa théorie en 1876 dans *L'Uomo delinquente* (« l'homme délinquant »), qui décrit les « symptômes » de la criminalité : tatouages, muscles plus développés du côté gauche, incapacité à rougir, canines saillantes… Une quantité d'indices sans queue ni tête censés trahir les criminels en puissance.

S'ils ont l'oreille de la communauté médico-scientifique dans les années 1870, du fait du contexte social de l'époque et de leur application concrète face à la montée de la criminalité, les enseignements de la phrénologie sont contestés par d'autres experts, notamment des sociologues, à la fin du siècle. Études à l'appui, ces derniers illustrent l'importance du milieu social sur le comportement, épinglant notamment l'alcoolisme et la pauvreté comme facteurs prémonitoires de délinquance et de marginalisation sociale. « La phrénologie fut une folie épidémique comme celle des tables tournantes », assène l'anthropologue Paul Topinard en 1891. Il ne croit pas si bien dire : les phrénologistes se réfugient alors dans le charlatanisme, faisant valoir leur pratique dans les arts divinatoires ou la médecine traditionnelle. Finalement, le seul véritable intérêt de leurs expérimentations douteuses a été de jeter les bases de l'anthropométrie judiciaire (profilage criminel), qui se démocratise dans plusieurs pays occidentaux au cours du XXe siècle.

ARRACHEUR DE DENTS

Mordu de travail

L'histoire n'a retenu d'eux qu'un frisson – légitime – et une expression : « mentir comme un arracheur de dents ». Cette formule serait née de l'époque où les dentistes amateurs, attroupés dans les foires, promettaient à leurs patients qu'ils ne souffriraient pas... Ce qui ne pouvait être qu'affabulation : les clients crédules le constataient, bien malgré eux, quelques minutes plus tard !

La fonction d'arracheur de dents s'épanouit dans l'Europe médiévale, où elle est surtout pratiquée par les barbiers-chirurgiens à partir du XIVe siècle. La panoplie du professionnel comprend alors une paire de tenailles, un assortiment de lames, et surtout une bonne poigne pour extraire les molaires bien enracinées. En plus de maîtriser l'art subtil du mensonge, les arracheurs se font accompagner de ménestrels pour couvrir les cris de douleur de leurs victimes. Il n'y a pas encore de traités d'odontologie : dans les petits villages, c'est parfois le forgeron qui prend à son compte cette besogne, et les traitements irréfléchis sont monnaie courante. Les apprentis dentistes passent notamment la dentition de leur patientèle à l'eau-forte – un acide très corrosif – afin de lui rendre un éclat incomparable. Pour soigner les dents cariées, qu'on pense larvées de vers, on les burine au marteau avec la pointe d'un clou ; une fois arrachées, on monte à leur place des dents saines, rachetées à leurs anciens propriétaires ou tirées de la bouche de cadavres.

À partir du XVIIe siècle, le commerce sucrier qui prospère dans les colonies (Jamaïque, Guadeloupe, la Barbade, Saint-Domingue) dépouille les mâchoires occidentales. La reine Elisabeth Ire d'Angleterre affiche un sourire édenté aux dents noires, signe de son goût pour la pâte d'amande, les sucreries et le pain d'épices. Ce qui rend, à en croire les ambassadeurs appelés à sa cour, ses allocutions difficiles à comprendre... En France aussi, nombreux souffrent en silence de maux de dents : les arracheurs s'établissent aux abords du Pont-Neuf, à Paris. Louis XIV en est également victime, et les dents gâtées du souverain sont arrachées une à une. Un soir, attablé avec le cardinal d'Estrées, le Roi-Soleil se plaint de ses mâchoires complètement creuses : « Des dents, Sire, qui est-ce qui en a ? » lui rétorque le cardinal, compatissant.

Les maux de dents, extrêmement répandus, ouvrent la voie à une modernisation de la profession. Dans le beau-Paris, l'arracheur est petit à petit supplanté par des dentistes précurseurs, à l'image de Pierre Fauchard, qui publie son *Traité des dents* en 1728. À Lyon, en 1795, un certain Laurent Mourguet innove pour distraire sa clientèle : il fait installer sa chaise d'opération devant un petit théâtre de marionnettes de sa confection, rue Noire. C'est la naissance du célèbre Guignol...

Les arracheurs amateurs continuent d'essaimer sur les routes de campagne au long des XVIIIe et XIXe siècles, toujours accompagnés d'orchestres balourds. La fonction est alors assumée par des forains au bagout intarissable, mais dont la pratique n'a guère évolué depuis les temps médiévaux. Dans un hebdomadaire catalan de 1880, l'un de ces spécialistes se vante d'avoir extrait 475 dents en moins d'une heure à la foire de Perpignan ! Les mensonges de l'arracheur de dents ont encore de beaux jours devant eux…

FAISEUSE D'ANGES

Déni de grossesse

Dès l'Antiquité, Platon met dans la bouche de son mentor, Socrate, l'affirmation suivante : « [Les sages-femmes] peuvent même, par des remèdes et des enchantements […] faciliter l'avortement de l'enfant, quand la mère est décidée à s'en défaire. » Le philosophe parle en connaissance de cause : sa propre mère, Phénarète, était accoucheuse à Athènes. À l'époque, pas le moindre tabou à l'horizon, ce dont témoigne la grande diversité des techniques pratiquées dans les sociétés primitives, immortalisées sur les bas-reliefs des temples : serrer une ceinture autour de l'abdomen de la femme enceinte, l'allonger sur une noix de coco chauffée, ingérer toutes sortes de « potions de stérilité » plus ou moins douteuses (camomille, myrrhe, genièvre, mercure, menthe pouliot)… Le recours à la chirurgie est déconseillé, car il conduit très fréquemment à des complications. On préconise plutôt, en amont, des contraceptifs à base de silphium ou le recours millénaire au *coitus interruptus* : la science de la conception n'est encore que balbutiante.

L'ouverture d'esprit antique se rétracte considérablement avec les enseignements chrétiens. L'enfant est devenu un « don de Dieu » qu'on ne refuse sous aucun prétexte : l'avortement est alors considéré comme un crime infâme. Gare aux « faiseuses d'anges », désormais réfugiées dans la clandestinité ! Au début du IVe siècle se réunit à Grenade le concile d'Elvire, qui punit d'excommunication les avorteuses. L'Apocalypse de Pierre les destine à l'Enfer : « Les femmes seront englouties jusqu'au cou et seront punies d'une grande peine. Ce sont justement celles qui avortent et détruisent l'œuvre que le Seigneur avait formée. » C'est le début d'un millénaire et demi de répression sévère.

Mais l'interdit est bravé et les avorteuses sont toujours consultées. D'abord par les miséreux et les pauvres qui, incapables de nourrir une bouche supplémentaire, sont contraints de faire « périr le fruit ». On se tourne vers les matrones (dont la science inclut souvent les pratiques abortives) mais aussi vers les herboristes, empoisonneuses, médecins du village, voire de simples voisines. Du IXe au XIIe siècle, les paysans libres produisent davantage d'enfants que leurs homologues serfs, ces derniers ne souhaitant pas transmettre leur servitude à leurs descendants. Le recours aux potions de l'avorteuse est alors plus que bienvenu. Toutefois, ce n'est pas la seule alternative ; donner un nouveau-né en pâture aux cochons ou le jeter dans un lac peut paraître une solution plus commode, tant que la grossesse est restée discrète.

Quels sont les risques encourus ? Publié en 1486, le traité du *Marteau des sorcières* (*Malleus Maleficarum*) accuse les avorteuses de sorcellerie et les condamne au bûcher. La peine d'enfouissement peut également être prononcée. Une veuve de Meurthe-et-Moselle, coupable de s'être fait avorter, est pendue « après avoir eu les mamelles tirées d'une tenaille ardente ». Mais la définition du crime reste ambiguë. L'Église punit l'infanticide à partir du moment où l'âme est insufflée dans le corps du fœtus. Selon Bernardin de Sienne (1427), cela n'arrive que quarante jours après le début de la grossesse. D'autres distinguent l'avortement « nécessaire » (en cas de fragilité physique ou de pauvreté) de l'avortement « coupable » qui camoufle une relation adultérine, par exemple, le premier étant moins condamnable. En 1609, Louise Bourgeois, sage-femme de Marie de Médicis, reconnaît qu'il existe des cas où « il faut promptement accoucher une femme à quelque terme que ce soit, pour conserver sa vie ». Toutefois, cette conception contredit encore les dogmes de l'Église et n'a pas l'aval des autorités.

Alors, les faiseuses d'ange continuent de faire profil bas. Sous Louis XIV, la ténébreuse Affaire des Poisons met au jour un réseau de l'ombre constitué d'empoisonneurs, d'herboristes véreux et d'avorteuses. Arrêtée en 1679, Catherine Monvoisin, dite La Voisin, confesse sous la torture avoir fait disparaître plus de 2 500 fœtus pour le compte de « gens de qualité » ; elle est brûlée l'année suivante Place de Grève. Même si le recours à l'avortement dit « thérapeutique » commence à voir le jour (en Angleterre vers 1780, puis en Allemagne et aux Pays-Bas au début du XIXe siècle), l'anathème n'est toujours pas levé. En 1890, l'affaire des avorteuses de Paris scandalise la capitale : drôle d'hypocrisie car, depuis plusieurs années, de nombreuses petites annonces s'affichent librement dans les journaux, vantant « discrétion absolue » et produits miraculeux contre la grossesse. Les consciences évoluent au rythme des mouvements féministes. Lentement. Sous le régime de Vichy, l'avortement devient crime antipatriotique qui enlève des enfants à la France : Marie-Louise Giraud, coupable de 27 avortements illégaux, est guillotinée le 30 juillet 1943. À la Libération, combien d'avortements pour échapper à la furie populaire traquant les « enfants de la honte » ? Il faudra attendre 1975 et la loi Veil pour que l'avortement cesse d'être pénalisé en France. Toutefois, on le justifie devant la justice uniquement en cas de « détresse » de la femme enceinte, et non en vertu de son droit à disposer librement de son propre corps. Le second motif ne deviendra valable qu'en 2014.

CHIRURGIEN DE BORD

Des gars des eaux

Penché au-dessus d'une table rouge comme un billot de boucher, le chirurgien de bord manie, impassible, ses scalpels, ses trépans, ses seringues et ses ciseaux. Ses oreilles sont sourdes aux tumultes qui l'assiègent de tous côtés : la canonnade, les plaintes, les cris, le fracas des vagues sur la coque, il ne les entend plus. C'est la rançon d'une longue expérience.

Le chirurgien navigant est un homme plein de sang-froid, débrouillard et polyvalent. Son homologue terrestre, établi en confrérie depuis Saint Louis, a longtemps disputé l'exercice de la chirurgie aux barbiers et aux médecins ; mais sur un vaisseau de guerre ballotté par les flots, il est pour ainsi dire le seul maître à bord. C'est lui qui cautérise les plaies au fer rouge, prescrit les sirops, fabrique les onguents et, surtout, qui ampute dans le feu de l'action : « Mieux vaut perdre le membre que l'homme », martèle-t-il inlassablement. Lorsque le combat ébranle le vaisseau, que sa cambuse est prise d'assaut par les blessés, il doit réagir promptement. « Des bouts de bras et de jambes coupés sont aux pieds du fauteuil et de la table en bois où les chirurgiens, à demi-nus et couverts de sang, opèrent sans discontinuer au milieu des cris et des gémissements », décrit un de leurs aides. La pièce est tapissée de pansements souillés ; quant aux cadavres, on les balancera par-dessus bord. On fait distribuer du rhum pour atténuer les douleurs. À une exception près, au moins – le pont de *La Vaillante*, où officie le chirurgien Clémot : « Empêcher la douleur prend du temps et est coûteux en alcool, c'est pourquoi, pendant le combat, on préfère mettre un morceau de cuir ou de bois entre les dents pour empêcher le blessé de se mordre la langue sous la douleur [...]. Je n'aime pas un blessé un peu endormi. Il ne se défend plus. Ce n'est plus de la chirurgie. »

Ces tableaux d'apocalypse ne sont qu'une portion du quotidien de bord, synonyme de blessures, de panaris, d'écorchures, de fièvres, d'épidémies propagées par la vermine, de privations, de dents gâtées, de coups de soleil, de coliques. Sans oublier les maladies vénériennes, qui surgissent quelques jours après une escale... Le chirurgien navigant est soumis aux mêmes périls. Il doit donc jongler avec les remèdes et plonger une main experte dans le coffre à pharmacie. On l'imagine soumis aux plus rigoureuses conditions de formation : ce n'est pas le cas en France avant une ordonnance de 1689 ! À partir de 1720, on assiste à la fondation d'écoles spécialisées qui enseignent la physiologie, la botanique, la chirurgie, l'anatomie, l'apothicairerie. Les ports de Rochefort, Brest ou Toulon fournissent d'éminents spécialistes. Époque de la raison et de la curiosité scientifique, le XVIIIe siècle achève la mue du chirurgien, devenu naturaliste, consignant dans ses carnets la description de la faune et de la flore exotiques. C'est un soulagement, sans doute, que de s'intéresser un peu au vivant après avoir tant côtoyé la mort.

QUATRIÈME PARTIE

Premiers de corvée

ÉCUYER

Chevalier servant

Si cette occupation d'origine féodale est mâtinée de romantisme, c'est sans doute parce que le prestige de la chevalerie rejaillit sur l'écuyer, en vertu du vieux dicton « qui aime le chevalier aime l'écuyer ». Pour autant, gloire et honneurs sont loin de constituer le quotidien de l'écuyer en formation. Entré à la charge d'un chevalier à l'âge de 14 ans, il lui a généralement servi de page les sept années précédentes, apprenant l'étiquette de la chevalerie, les bonnes manières, l'entretien de l'écurie et le maniement des armes. Il sait déjà monter à cheval : « Qui sans monter à cheval est, jusqu'à 12 ans, resté à l'école, n'est plus bon qu'à faire un clerc », écrit Philippe de Novare.

La formation d'écuyer implique de nouvelles responsabilités, notamment militaires. Gare à celui qui ne se montrerait pas assez vif à l'orée du champ de bataille ! Avant un assaut, l'écuyer selle le destrier du chevalier, lustre ses armes, porte son écu (d'où le mot « écuyer »). Il aide son maître à revêtir son armure, qui peut peser jusqu'à 30 kg et se composer de dizaines de pièces différentes : gantelets, heaume, bassinet, gorgerette, braies d'acier… Il faut imaginer l'ébullition qui saisit les belligérants à l'aube de la bataille : « De tous côtés, on voyait saisir les armures, revernir les heaumes et les chapeaux de fer, décrit le trouvère Ambroise au XVIIe siècle. Les écuyers fourbissaient les belles épées et roulaient les hauberts ; les chevaliers et les sergents prenaient déjà des poses de combat pour frapper sur les ennemis. »

Le rôle de l'écuyer ne s'arrête pas au son du tocsin. Comme ses homologues, il patiente à l'écart du champ de bataille, aux côtés des palefreniers et des commandants, pour servir de « point de ravitaillement » au chevalier – changer ses armes brisées, réajuster son armure, lui donner à boire, soigner une vilaine plaie… Parfois, cela requiert de tirer un seigneur blessé de la mêlée humaine. Voire de récupérer son cadavre afin de lui offrir de décentes funérailles. Si son maître survit, en revanche, l'écuyer a une tâche plus ardue encore : il doit récurer des heures durant l'armure, le heaume, les armes et la cotte de mailles de son maître, maculés de sang séché et souvent d'excréments (le gentilhomme n'ayant pas le loisir de s'absenter du combat pour soulager une envie pressante). Dans ce but, les effets du chevalier sont glissés dans un tonneau rempli de sable, parfois mêlé de vinaigre et d'urine, que l'écuyer fait rouler afin de mettre en contact la surface abrasive et l'acier.

Il arrive que l'écuyer lui-même prenne les armes. On oublie souvent que « l'arrière » du combat est une zone presque aussi dangereuse que la ligne de front. Il y a là une belle provision d'armes, de chevaux et parfois un trésor royal à rançonner. Les escarmouches ne sont pas rares : c'est l'occasion, pour certains pages, de marquer les esprits par leur bravoure. C'est aussi la fin de jeunes carrières prometteuses… Jean de Luxembourg, roi de Bohême, se fait accompagner par quatre écuyers lors d'un assaut désespéré contre les Anglais à Crécy (1346). Or, comme il a perdu la vue à la suite d'une délicate opération des yeux, ses serviteurs, censés le guider sur le champ de bataille et lui indiquer où frapper, sont les premières victimes des moulinets aveugles de son épée…

En dehors du « champ bellique », l'écuyer endosse un rôle de domestique : il sert son maître à table, découpe les viandes (on parle alors d'écuyer tranchant), verse le vin, porte son étendard. C'est aussi le complice des galanteries de son maître, allant quérir et rapporter moult missives courtoises : « Pour l'amour du chevalier baise la dame l'écuyer », ironise Geoffroy de Paris au début du XIVe siècle. En complément, il nettoie l'écurie, prend soin des bêtes, et déploie ses multiples talents pour divertir son maître avec une composition musicale ou une partie de dés.

Quelle récompense pour tous ces efforts ? L'apprentissage de l'écuyer doit lui permettre d'accéder à son tour au rang de chevalier, se libérant ainsi de sa condition de serviteur ; mais c'est une promesse de plus en plus vaine pour les jeunes damoiseaux qui, à partir du XIVe siècle, voient l'accès à cette caste supérieure se fermer. Les coûts d'entrée sont mirobolants. Au-delà du simple apprentissage de la chevalerie, il faut être en mesure de s'acheter une armure, un cheval, un domaine, de monnayer le rituel d'adoubement (que les nobles réservent à leur fils aîné à partir du XIIIe siècle) et d'entretenir à son tour quelques domestiques. « L'écuyer sans armes et sans la richesse nécessaire pour maintenir la chevalerie ne doit pas devenir chevalier, confirme Ramon Lulle au début du XIVe siècle. Élection, cheval, armes et seigneurie ne suffisent encore au grand honneur propre au chevalier. Il convient qu'on lui donne aussi un écuyer et un palefrenier qui le servent et qui prennent soin des bêtes. Il convient également que le peuple laboure, bêche et peine pour que la terre produise les fruits dont se nourrissent le chevalier et ses bêtes, et que le chevalier chevauche, exerce sa seigneurie et tire du bonheur de ces choses pour lesquelles les hommes tirent peine et malheur. [...] Le métier de chevalier exige de posséder château et cheval pour garder les chemins et défendre les paysans. Il exige d'avoir villes et cités pour maintenir la droiture du peuple. »

À partir du XVe siècle, la chevalerie cesse d'être une caste exclusivement militaire, fondée sur l'honneur ; bien loin de l'esprit d'aventure arthurien, elle matérialise avant tout la richesse financière, muant peu à peu en statut social synonyme de prestige et de vanité. Les vieux démons du royaume de France reprennent les chevaliers, dont la suffisance éteint parfois la vigilance : les déroutes de Crécy, Poitiers et Azincourt symbolisent la victoire de la « canaille aux pieds nus », ces archers gallois ou anglais regardés avec condescendance, face à la fine fleur de la chevalerie française. L'écuyer n'a plus nulle part où faire carrière. Perdu dans l'obscurité des temps, un proverbe sert de leçon à cette histoire : « Le bon écuyer fait le bon chevalier ».

CHAUFOURNIER

Dur à cuire

Tout est dans le nom : le chaufournier est l'artisan qui exploite les fours à chaux. En vertu d'un savoir-faire millénaire, le mortier de chaux cimente, depuis l'Antiquité, les ouvrages massifs de murailles, les temples ou les cathédrales.

Pour le produire, on met à brûler des blocs de calcaire, qui éclatent sous l'effet de la chaleur. Après une cuisson de plusieurs jours (et nuits, soit, en moyenne, entre cent et cent cinquante heures), les pierres sont retirées puis hydratées afin d'obtenir une pâte… Mais, pour en arriver là, le chaufournier doit entretenir un bûcher infernal, dont la température oscille entre 800 et 1 000 °C. Attention à ne pas le laisser s'éteindre : le calcaire serait irrécupérable ! C'est pourquoi l'ouvrier s'installe souvent en lisière de forêt, à la portée d'une source de combustible prestement bûcheronnable.

En plus de cette chaleur accablante, qui occasionne force brûlures, l'artisan s'expose aux rejets de dioxyde de carbone qui irritent les yeux, le nez et la gorge. Les vapeurs toxiques le conduisent parfois au bord de l'évanouissement, à la suffocation ou à la paralysie. Il n'est pas rare de découvrir les corps calcinés de ces malheureux évanouis dans les flammes… Quant à ceux qui survivent, ils en portent les stigmates tout le reste de leur vie – lèvres craquelées, peau burinée, vue basse et reins en compote à force de tracter blocs de calcaire et billes de bois.

GALÉRIEN

Moyen du bord

Le claquement des fouets, la respiration bruyante des forçats, le bruit mousseux des rames creusant l'écume... L'imaginaire collectif a cristallisé l'image du galérien prisonnier et brimé, condamné à ramer tout le reste de sa misérable existence. Ne parle-t-on pas aujourd'hui de « galère » pour qualifier une situation délicate ou périlleuse ? Or, si le moteur humain des navires a parfois été alimenté par le butin de guerre, il est plus fréquent, dès l'Antiquité et tout au long du Moyen Âge, de voir la chiourme – les rameurs d'une galère – se composer de salariés. À la fois rameurs, mariniers et combattants, ces équipages monnayent leur sueur contre une solde... et, souvent, les volontaires ne manquent pas !

Après l'an mil, les équipages de Méditerranée sont pleins de bâbord à tribord de rameurs libres. Ce sont les *galeotti*. Les vaisseaux n'ont guère évolué depuis l'Antiquité : double mât, deux rangées de rameurs, 50 hommes. C'est avec cette main-d'œuvre bon marché que Venise étend son empire maritime, objet d'un commerce fructifiant depuis le IXe siècle. Car les *galées* sont d'abord des navires de commerce, destinés à convoyer étoffes, épices et autres denrées précieuses entre les ports d'Europe et du Levant.

À quoi ressemble la vie à bord ? On s'active surtout à l'aviron. Pendant la traversée, les mariniers font preuve d'une remarquable dextérité, chacun devant synchroniser les mouvements de son aviron avec celui de ses voisins. Le geste est répété jusqu'à ce que

« la main devienne aussi dure que du bois » selon un témoignage de l'époque. « Quelquefois le galérien rame ainsi dix, douze et même vingt heures de suite sans la moindre relâche. Le comite [chef de navire], en cette occasion, ou d'autres mariniers, met dans la bouche des pauvres rameurs un morceau de pain trempé dans du vin pour prévenir la défaillance. » Lorsqu'un abordage se prépare, le galérien échange son aviron contre un arc ou une lance. En première ligne des couleuvrines ennemies ou du feu grégeois (lance-flammes d'avant-garde qui sème la panique dans les rangs ennemis), les galériens sont souvent les premiers à passer par le fond.

Côté menu, mieux vaut ne pas faire la fine bouche : les longues traversées en mer ne permettent pas une conservation idéale des aliments. Du porc et une soupe de fèves les jours gras, tout au plus. Sinon, de la morue (très) salée, du fromage et un peu de vin coupé d'eau. Et toujours ce quignon de pain sec cuit deux fois – d'où le terme « biscuit » – qui résiste à l'humidité. La solde des rameurs, plutôt correcte, compense ce mauvais service. Sensibles au complément de revenu, les *galeotti* dissimulent sous leur banc une pacotille (armes, alcools, étoffes, miroirs…) qu'ils troqueront à la prochaine escale.

Au fil du temps, la condition du rameur se dégrade. Méprisé par les capitaines qui s'enrichissent à la force de ses bras, il perd le goût du métier. À Venise, Cristoforo da Canal constate en 1539 que « les gens sont si aisés et jouissent d'une existence si facile qu'il ne faudrait rien moins qu'un danger de mort pour les faire s'embarquer sur les galères ». À partir du XVIe siècle, la galère devient un lieu de condamnation pénale. Il faut bien renflouer les effectifs… Les bancs des rameurs sont désormais occupés par une cohorte de miséreux, déserteurs, blasphémateurs et autres « gens de rebut », les pieds entravés de fers et le dos strié par les coups de fouet. « Si un esclave tombe pâmé sur son aviron, il est fouetté jusqu'à ce qu'il tombe mort, puis on le jette à la mer sans cérémonie. » Dans le ventre puant des galères, où la saleté s'incruste à même le bois, les épidémies fauchent des équipages entiers. La gale et le scorbut finissent le travail. « Quand les forçats viennent en galère, écrit un voyageur de l'époque, on les fait entrer par la poupe ; quand ils meurent, on les fait sortir par la proue, les pieds devant. [...] Là se voit toute la misère, ordure, saleté, puanteur et infirmité humaine... Il n'y a jour qu'il n'y meure quelqu'un. »

Lorsqu'elle n'est pas en mer, la chiourme est envoyée « en fatigue », c'est-à-dire qu'elle effectue quelque corvée sur le port : poncer les boulets incrustés de rouille, réparer les installations de bord, tricoter des vêtements... C'est l'occasion que certains désespérés saisissent pour se jeter, fers aux pieds, par-dessus bord. Rejoindre les squelettes déjà blanchis de leurs anciens compagnons d'infortune leur paraît un sort plus enviable que de perpétuer cette existence de servitude. Pourtant, si les détenus forment désormais la quasi-totalité des effectifs de rameurs – soit près de 420 paires de bras pour les plus gros navires –, il reste encore quelques volontaires (ou *bonevoglies*, de l'italien « celui qui veut bien ») pour remplir les places vacantes. Ces derniers se font de plus en plus rares : 80 par bateau en 1670, et seulement une petite dizaine en 1715, à la fin du règne de Louis XIV. On leur réserve des tâches à peine moins ardues qu'aux détenus de droit commun : la corvée de bois, l'aiguade (provision d'eau) et la correction de la chiourme, sabre en main. Ce qui les place dans une position pour le moins délicate. On ne s'étonnera pas de voir certains *bonevoglies*, à la nuit tombée, se faire trancher la gorge par les rameurs excédés…

En 1748, le corps des galères de France disparaît ; on condamne désormais aux travaux forcés. Certes, on meurt tout aussi vite dans les bagnes de Toulon ou de Brest ! Mais ce labeur a le mérite de donner aux forçats une terre sous leurs pieds où ils ne tarderont pas, un jour prochain, à se faire ensevelir.

CANUT

Du fil à retordre

Animé par 80 000 travailleurs – la moitié de la population de la ville –, le quartier de la Croix-Rousse est devenu une fourmilière humaine entièrement dédiée à l'industrie de la soie. Au XIXe siècle, l'essor textile vaut à Lyon le titre de première ville ouvrière de France. Mais si les patrons des fabriques s'enrichissent, le quotidien des « compagnons », affairés dix-huit heures par jour devant leur métier à tisser, n'est pas rose… Payés au lance-pierres, soumis aux fluctuations économiques, les canuts s'entassent en famille dans des masures humides et insalubres. Des quartiers clos, rongés par la misère, traversés de « rues étroites et boueuses que le soleil ne visite jamais » et dominés par les vapeurs des industries chimiques voisines. Une cage contenant un oiseau est surveillée du coin de l'œil par le canut : lorsque les émanations toxiques auront raison de lui, il y aura lieu de s'inquiéter !

La rudesse de leurs conditions de travail est prétexte à toutes les solidarités. Les premières sociétés mutualistes (qui permettent, grâce à une cotisation, de se prémunir du chômage, de la maladie et de la vieillesse) y prennent racine dans les années 1820. En 1831 paraît le premier quotidien ouvrier, *L'Écho de la Fabrique*. Les idéaux socialistes y ont évidemment bonne presse. La même année, le cri des compagnons se répand comme une traînée de poudre : « Vivre libre en travaillant ou mourir en combattant ! » C'est la première insurrection. Réduits au silence par les milices de Louis-Philippe, les canuts se rebellent à nouveau en 1834, 1848, 1849. Ils échappent aux représailles des soldats grâce aux fameuses « traboules », ces passages qui traversent les cours d'immeuble du vieux Lyon... mais ne peuvent empêcher l'inéluctable. La modernisation des métiers à tisser, l'apparition de soie artificielle et la concurrence internationale ont raison de leur profession.

Berceau des syndicalismes, des systèmes d'assurance et des anarchies sociales, la capitale des Gaules laisse en héritage un tissu de solidarités. Patrie des imprimeurs et de Jean Moulin, ce sera aussi le cœur battant de la Résistance pendant l'Occupation. Les journaux résistants *Combat*, *Franc-Tireur* et *Le Coq enchaîné* y sont tirés et diffusés en masse. Signe que l'âme rebelle des canuts y palpite encore.

NAIN DE COUR

À la cour des grands

La cour de Stanislas, duc de Lorraine au XVIIIe siècle, est égayée par un drôle de personnage : un certain Nicolas Ferry, surnommé Bébé. Il s'agit d'un nain dont la croissance s'est arrêtée à 89 centimètres, et qui a pour habitude d'effectuer ses déplacements officiels dans un carrosse tiré par un attelage de chèvres.

S'agit-il d'un cas isolé ? Plutôt d'une mode : du XVIe au XVIIIe siècle, les cours impériales et princières (celles de Suède, d'Espagne, de Russie, d'Angleterre, de Pologne, d'Allemagne…) raffolent de ces « nains de cour », gratifiés de sobriquets humiliants, que l'on juge si divertissants. Catherine de Médicis en possède au moins cinq, tandis que le tsar Pierre le Grand en entretient plus de 90 ! À l'époque, offrir un nain à un souverain est un gage d'amitié et de respect. Souvent mis en scène, chantant et dansant, exhibé lors de cérémonies officielles, paré de costumes ridicules mais aussi dorloté par les princes et les princesses telle une poupée vivante, le nain connaît une existence de courtisan, à l'abri du besoin… mais pas des sarcasmes.

Le parcours de Sir Jeffrey Hudson, nain à la cour de Charles Ier d'Angleterre, reflète cette déshumanisation. Surnommé Lord Minimus, il est d'abord adulé pour son esprit vif et son aspect insolite, et combat même lors de la Grande Rébellion. Agacé par les mauvaises plaisanteries, il va cependant abattre un homme en 1644 : tombé en disgrâce, il est capturé par des pirates et meurt dans l'indigence. De même, un certain Joujou, qui a le privilège de sauter sur les genoux de tout le gratin d'Europe orientale au XVIIIe siècle, est ostracisé par la noblesse polonaise parce que sa maîtresse, enceinte, craint à trop le fréquenter de donner naissance à un nain. « On se tromperait cependant beaucoup si l'on s'imaginait que, séduit par les bontés qu'on avait pour moi et uniquement occupé des plaisirs qu'on me procurait, je n'éprouvasse pas quelquefois des sentiments pénibles », confiera-t-il dans ses *Mémoires*. Si les personnes de petite taille quittent au XVIIIe siècle les genoux de l'aristocratie, ils se reconvertissent en divertissements de foire ou de cirque dans les *freak shows* itinérants qui essaiment villes et campagnes jusqu'à la seconde moitié du XXe siècle.

SCIEUR DE LONG

Du pin sur la planche

Parmi les plus anciens matériaux utilisés par l'homme, le bois a favorisé l'apparition des premiers métiers. Les scieurs de long en font partie. Immortalisés sur les fresques de Pompéi ou les vases gallo-romains, ils sont employés à débiter, dans la longueur, des billes de bois – troncs équarris et débarrassés de leur écorce – pour en tirer des planches, des poutres, des solives. Et ce depuis plusieurs millénaires. On les retrouve, au Moyen Âge, sur les chantiers fourmillants des cathédrales, où ils assistent les maîtres charpentiers. Leur rôle est crucial : il faut bâtir les maisons, les engins de levage, les échafaudages, et ces « fendeurs » ne sont jamais à court de travail. Si le chêne est préféré, on débite également du frêne, du noyer, selon la proximité géographique des forêts.

Le scieur de long opère en équipe. À partir du XVIIIe siècle, en France, une méthode fait l'unanimité : d'abord on fixe le tronc à débiter sur une pièce de bois, sorte de trépied appelé « chèvre » ou « chevalet ». Puis les deux scieurs se coordonnent : « l'écureuil » s'installe, debout, en équilibre sur la bille, et saisit l'extrémité de la scie (aussi appelée « guitare ») ; « le patron », les pieds au sol, suit l'avancée de la découpe sur le plancher des vaches. Ce dernier a couvert son visage d'un sac de toile ou d'un chapeau pour ne pas avaler trop de poussières de bois. « Le mal aux reins pour l'un, la sciure dans les yeux pour l'autre », dit-on alors.

Nomades pour la plupart, ces ouvriers sont particulièrement actifs dans les forêts du Massif central, de la Loire et de l'Aveyron, où la terre gelée empêche les laboureurs de travailler à l'année longue. Lorsque l'automne est passé, ces vaillants ouvriers troquent la bêche pour la scie et passent l'hiver dans les bois – certains y restent plusieurs mois durant, installés dans des cabanes rustiques qu'ils bâtissent dès leur arrivée. C'est un véritable exode : d'aucuns parcourent plusieurs centaines de kilomètres en sabots, balluchon sur l'épaule. Lorsque, dans leurs villages natals, l'on s'enquiert de leur absence, leurs femmes ou leurs enfants répondent : « Ils sont partis à la scie. » Ils reviendront avec le beau temps…

Sur place, les conditions de travail sont rudes. Les scieurs ne sont pas à l'abri des gelées, des accidents et des chutes… d'autant que « l'écureuil » travaille pieds nus. Les muscles sont endoloris, les mains couvertes d'ampoules. « Je vous laisse à penser les sueurs que leur coûte une opération aussi pénible », écrit un observateur au milieu du XIXe siècle. Concurrencée par les scieries mécaniques et les innovations portées par la révolution industrielle, la profession est en péril… Abrités dans leur cabane en rondins – ou leur chambre ouvrière s'ils logent en ville –, les scieurs saisonniers s'en consolent en racontant, en compagnie des bûcherons et autres écorceurs, les histoires du pays ! Autour du poêle, leurs patois se mélangent, et l'on se ravigote en avalant la « soupe du scieur », tellement riche que la cuillère y tient debout. Bientôt, ils retournent à leurs fermes et leurs femmes, et leurs anecdotes séculaires égaieront les nuitées pendant une année encore.

EXÉCUTEUR

Bourreau de travail

Malgré la douceur matinale qui échauffe ce bourg médiéval, les paroissiens frissonnent. D'excitation, pour certains. En traversant la place principale, encombrée d'une foire, on en voit qui esquivent largement la grande estrade qu'on a bricolée au centre. Il y plane déjà l'ombre d'un échafaud.

Aujourd'hui, c'est jour d'exécution.

Il n'a pas fallu attendre le Moyen Âge pour mettre à mort. L'Antiquité regorge de sévices aussi cruels qu'inventifs : piétinement par éléphant,

écartèlement, crucifixion, noyade, c ontation
avec des animaux venimeux (ou affamé uelques
siècles plus tard, les Coutumes féodale uridic-
tions propres à chaque localité – établ nt les
châtiments d'usage en fonction du délit amis.
À chaque crime sa peine : les voleurs réci istes
sont pendus, les faux-monnayeurs bouill les
nobles décapités, les sorcières brûlées vive ou
enterrées vivantes… L'influence de l'Église et le
monarques bienveillants – comme Saint Louis –
limite l'usage de la peine de mort, du moins pour
un temps. Aux XIIIe et XIVe siècle, le bourreau est encore une figure anonyme, et c'est véritablement à la fin du Moyen Âge qu'il tombe le masque en tant qu'exécuteur de la haute justice et seul titulaire de cette responsabilité. D'ailleurs, contrairement aux représentations contemporaines, le bourreau n'officiait pas masqué, sauf en de rares occasions où il remplaçait la personne titulaire du poste. La pratique de la « décollation » ou de la pendaison exigeait une dextérité que la capuche ne pouvait que troubler.

L'appellation « bourreau » cohabite, dans le français du XIVe siècle, avec celles de *bourriau* et de *bourrel*, toutes trois inspirées du verbe *bourrer* qui signifiait « maltraiter, tourmenter ». Dans la France médiévale, l'exécuteur n'a pas bonne presse, ses fonctions étant souillées par le tabou du sang. Rejeté par sa communauté, il loge en marge des villes, souvent dans des masures humides aménagées au pied des fossés, quartiers des prostituées et des lépreux. « La mort n'a pas d'amis », rappelle un proverbe de l'époque… Et le bourreau n'est-il pas la mort incarnée ? À l'étranger, cependant, les bourr[…] ne s'attirent pas la même ignominie. Les e[…]iteurs de Londres sont souvent choisis parm[…]s condamnés à mort. On leur offre la réde[…]tion en même temps qu'une échappatoire au […]et. Frantz Schmidt, bourreau de Nuremberg à l[…]in du XVIe siècle, est une figure publique de pr[…]ier plan qui jouit d'un certain prestige. Il n'y a […]éritablement qu'en France que le bourreau a ce s[…]tut de paria, qui s'illustre aujourd'hui encore d[…]ans nos bonnes manières. Un superstitieux vous […]a peut-être déjà houspillé pour avoir retourné le pain qui trônait sur la table ; signe de mauvaise fortune, ce geste descend tout droit d'une coutume médiévale. Les jours d'exécution publique, le boulanger réservait un pain pour le bourreau en le plaçant à l'envers sur son étal. Et le reste des clients redoutait ne serait-ce que d'effleurer la miche maudite !

Cette marginalisation se traduit, en France, par le port de vêtements distincts, un isolement social complet mais également quelques privilèges : « l'exécuteur des hautes œuvres » possède notamment le droit de havage, c'est-à-dire celui de prendre gratuitement sur les étals des marchands autant de denrées que sa main peut contenir. Pour arrondir ses fins de mois, il revend aussi quelques cadavres aux facultés de médecine, en pleine effervescence anatomiste à partir du XVIe siècle. Les exécuteurs anglais brocantent quant à eux des morceaux de corde de pendu, censés garantir contre la mauvaise fortune. Maigre consolation, toutefois, à l'exécution d'un métier qui jette l'opprobre sur toute sa famille : car les enfants du bourreau, refusés dans les écoles, sont souvent prédisposés à hériter de la hache. Il n'est pas rare de les voir, dès leur plus jeune âge, fréquenter les estrades d'exécution – parfois à leurs risques et périls : en 1792, voulant brandir la tête d'un faux-monnayeur devant le peuple, Gabriel, le cadet de Charles-Henri Sanson (âgé de 23 ans), trébuche et se fend le crâne au bas de l'échafaud. Par ailleurs, les bourreaux se marient souvent entre eux, engendrant de véritables dynasties. Non pas que les femmes exécutrices soient très répandues au Moyen Âge (il est fait état d'une bourrelle sous Saint-Louis) ; mais les sœurs, nièces et cousines de bourreaux en épousent souvent d'autres à leur tour. Un fait divers de 1675 révèle que le passage de témoin est parfois compliqué : « L'exécuteur des hautes œuvres ayant forcé son gendre, nouvellement marié, à porter un coup de barre au patient, ledit gendre tomba en pâmoison et fut couvert de huées par la foule. » De ces dynasties liées par le sang, quelques noms hantent encore la galerie ténébreuse de l'histoire : Sanson, Deibler, Jouënne – des patronymes qui ont régné sans discontinuer sur l'échafaud de l'Ancien Régime.

À la fin du XVIIIe siècle, une sinistre machine facilite le travail du bourreau : la guillotine, dont la confection est en partie supervisée par l'exécuteur de Paris, Charles-Henri Sanson. Le 6 octobre 1791, l'ordre de l'Assemblée nationale passe comme un frisson : « Tout condamné aura la tête tranchée ». Cela part d'un bon sentiment : la décapitation à la hache peut prendre plusieurs minutes si l'exécuteur n'est pas assez adroit. Sanson fera tomber plus de 3 000 têtes dans les paniers de la Terreur… Mais des voix s'élèvent déjà contre la peine de mort. Cesare Beccaria, philosophe italien des Lumières, a préparé le terrain dans *Des délits et des peines* (1764) : « Si je démontre que la mort n'est ni utile, ni nécessaire, j'aurai gagné la cause de l'humanité. » Cette noble cause devra mûrir encore un peu : en Europe, il faudra attendre le XXe siècle pour que soit signé l'arrêt de mort de la profession.

GARÇON DE FESSÉE

Tête à claque

L'histoire des punitions corporelles infligées aux enfants ne date pas d'hier. Au Moyen Âge, le système scolaire y voit un bon véhicule d'apprentissage, en complément des recommandations bibliques : « N'épargne pas la correction à l'enfant ; si tu le frappes de la verge, il ne mourra point. » La fonction du « garçon de fessée » (*whipping boy*) est de recevoir les coups qui devraient pleuvoir sur un autre. Il est en effet châtié pour les bêtises d'un prince ou d'un jeune souverain. Pourquoi ? Parce que le futur héritier du trône ne saurait être puni par quelqu'un d'autre que le roi lui-même, qui n'a de comptes à rendre qu'à Dieu ! En l'absence du souverain, on choisit donc un bouc émissaire parmi l'entourage du prince, puis on le punit pour chaque écart de conduite du futur roi.

Cette pratique s'observe pour la première fois à l'égard de Conrad, jeune roi de Jérusalem. Un récit anonyme du XIIIe siècle raconte qu'il a 12 garçons de son âge pour compagnie, et que ces derniers sont frappés lorsqu'il se comporte mal. « Pourquo ne me battez-vous pas, puisque c'est ma faute ? » aurait demandé le souverain en herbe. « Parce que vous êtes notre seigneur. Si vous avez un cœur bon, vous devez être très désolé que les autres supportent la douleur de vos péchés. » Cela permettrait, selon les instructeurs de l'époque, d'imprimer les valeurs morales plus profondément.

D'autres garçons de fessée ont-ils existé ? On en observe surtout en Angleterre à partir du XVIe siècle. Édouard VI en aurait fréquenté un (qui recevra une baronnie en Irlande pour ses loyaux services), de même que Charles Ier, même si leur existence reste nimbée de mystère. Et en France ? Gaston Maugras évoque un « petit hussard qu'avait Louis XV dans son enfance et qu'on fouettait quand le jeune roi n'avait pas bien dit sa leçon » et la marquise du Deffand, épistolière du XVIIIe siècle, le corrobore dans une lettre. Ce qui porte à croire que les fessées par procuration, même très ponctuellement, ont bien perduré !

HERCHEUR

Travail au noir

Poussé à la force des bras, un wagon remonte lentement la veine d'une mine de charbon. Le passage est étroit, la progression laborieuse. Ce n'est qu'à son arrivée en surface que l'on peut voir le visage de l'ouvrier, soudain éclaboussé de soleil : un enfant de douze ans à peine, la gueule noire striée de rivières blanches de sueur.

Appelés aussi en patois *hiercheurs* ou simplement *rouleurs*, les hercheurs sont les ouvriers chargés d'assurer le trajet des wagons de minerai depuis le cœur noir des mines. Avant l'utilisation du cheval puis la mécanisation du dispositif, c'est le rôle d'un homme de petite taille – parfois d'un enfant – que de pousser le wagonnet dans les entrailles de la terre. Dans l'Angleterre victorienne, on comprend très tôt l'intérêt d'employer des gamins : cela tire les salaires vers le bas et permet d'exploiter des boyaux minuscules, où aucun homme ne pourrait s'aventurer... Cédés aux paroisses, les orphelins de dix à quinze ans sont des ouvriers de premier choix. Parfois chargés de plus de 150 kg de minerai, ils avancent péniblement dans des galeries noires comme la nuit. Le tout contre un salaire inférieur à celui des mineurs « à la veine », responsables de l'extraction.

Quel est leur rythme de travail ? Dans les années 1850, les rouleurs de la Loire déplacent en moyenne cinq tonnes de minerai sur un kilomètre pendant leur journée de dix heures. Si la mécanisation – et la législation sur le travail des enfants : la France interdit en 1813 l'emploi d'enfants de moins de 10 ans dans les mines, le Royaume-Uni en 1842, la Prusse en 1853 – donne un coup d'arrêt à la profession, ce n'est pas le seul facteur. Coups de grisou, émanations de gaz, rachitisme, lumbagos, asphyxies et autres troubles cardiaques auront raison d'eux bien avant. Ce n'est pas un hasard si l'on désigne une tâche désagréable en disant que l'on « va au charbon » : les mineurs (légaux) en ont fait les frais jusqu'à la fin du XIXe siècle.

PORTEUR

Troisième roue du carrosse

Dans la bande dessinée *Astérix* d'Albert Uderzo et René Goscinny, le chef gaulois Abraracourcix se déplace rarement sur ses deux pieds. Bien installé sur son bouclier, il est transporté en tout lieu par deux porteurs… même au cœur d'une bagarre générale ! Faudrait-il y voir quelque vérité historique ? L'élévation sur le pavois – du nom de ce grand bouclier en bois léger, gainé de métal ou de cuir – n'est en fait pas une tradition gauloise, mais romaine. Son usage filtrera, au Ve siècle, chez les Mérovingiens, et Clovis sera parmi les premiers rois « hissés ». Après un discours mémorable, nous raconte Grégoire de Tours, « le peuple répondit à ces paroles par des applaudissements de main et de bouche, et, l'ayant élevé sur un bouclier, ils le créèrent leur roi ». Cette élévation n'est pas seulement une façon de pavoiser, mais de se rapprocher du Ciel et donc de son Créateur…

Mis de côté pour un temps, au profit des bêtes de trait, les porteurs reprennent leur travail dans le civil à partir du XVIe siècle, avec la popularisation de la fameuse chaise à porteurs. Ces petites cabines, souvent closes de rideaux, prolifèrent dans les rues de Londres : elles permettent aux grandes dames et autres « personnes de qualité » de se rendre à leurs mondanités sans poser le talon dans la rue – la chaise étant transportée directement à l'intérieur de la maison et déposée dans l'antichambre. Deux porteurs, situés à l'avant et à l'arrière du véhicule, glissent des bâtons de chaise dans les ouvertures prévues à cet effet afin de déplacer la cabine. Un baudrier de cuir passé autour de leurs épaules rend son transport moins pénible.

Pourquoi ne pas se contenter des carrosses et autres coches tractés par des chevaux ? D'abord parce que l'appareillage, encombrant, se retrouve régulièrement bloqué dans le trafic (on parle « d'embarras », ancêtres de nos embouteillages). Dans les années 1650, Londres est une métropole galopante avoisinant les 350 000 habitants et qui rivalise avec Paris et ses 450 000 citadins. Une fourmilière où se mêlent artisans, vagabonds, laquais, bourgeois, cochons et autres bêtes de ferme... Agacé par le remue-ménage de Paris, le poète Scarron écrit en 1643 que « les cochers ont beau se hâter, ils ont beau crier : gare ! gare ! ils sont contraints de s'arrêter ». Qui plus est, les accidents de carrosse ne sont pas rares, les chevaux ayant tendance à s'emballer dès qu'un coup de canon retentit. On ne compte plus le nombre de passants bousculés ou piétinés par les destriers en furie (c'est ainsi que le prince Ferdinand-Philippe d'Orléans, fils aîné de Louis-Philippe, dernier « Roi des Français », trouvera la mort en 1842). À l'inverse, la chaise à porteurs est beaucoup plus maniable et peut emprunter les passages étroits. Autre avantage : elle permet de se rendre à un rendez-vous galant en toute discrétion.

Une fois que leur voyageur a embarqué, le duo de porteurs doit maintenir une allure constante jusqu'à leur destination. Avec une moyenne de 30 kg sans passager, on peut imaginer l'effort colossal qu'exige le transport. D'autant que certains voyageurs n'hésitent pas à louer des porteurs sur des distances plus longues : une femme parcourt les 180 kilomètres qui séparent Londres de Bath dans une de ces cabines en 1728.

En parallèle, de petits véhicules montés sur roues – semblables à des brouettes surmontées d'une cabine – font leur apparition en France : on les surnomme « vinaigrettes ». Deux explications à cela : soit parce qu'elles ressemblent aux carrioles des vinaigriers… soit parce qu'une promenade en brouette donne facilement la nausée. Cela n'empêche pas l'industrie des chaises à porteurs de prospérer. De Londres, elle s'exporte ensuite dans toute l'Europe. C'est la tendance dernier cri pour tout le gratin mondain. En 1644, un texte anonyme intitulé *Les Lois de la galanterie* s'enthousiasme de ce moyen de transport : « Vous pouvez aussi […] vous faire porter en Chaize, dernière et nouvelle commodité si utile qu'ayant esté enfermé la dedans sans se gaster le long des chemins, l'on peut dire que l'on en sort aussi propre que si l'on sortoit de la boiste d'un enchanteur… »

Responsables d'accidents parfois sévères, les porteurs sont soumis à une législation de plus en plus stricte. Il leur est interdit de proférer des insanités, de maintenir leur cabine en mauvais état, de facturer des tarifs ahurissants et même de prendre la route en état d'ivresse ! En France, deux éléments vont pousser les porteurs vers la sortie de route : l'amélioration du pavage des voies, les rendant plus fréquentables pour les piétons, et la Révolution, abolissant ce moyen de transport ostentatoire synonyme d'exploitation des classes laborieuses. Il reste utilisé sous d'autres latitudes jusqu'au XXe siècle, notamment en Asie, décliné en palanquins (Inde), *rickshaws* (Indonésie), *norimono* (Japon)... où certains de ces moyens de transport subsistent encore de nos jours.

PUNKAWALLAH

Autant en rapporte le vent

Lorsque les colons britanniques débarquent en Inde, en 1858, ils sont aussitôt accablés par une chaleur torride. Un manuel de voyage d'époque avertit le voyageur qu'« il devra rencontrer, à l'exception de la période allant du 1er décembre au 1er mars, une chaleur intense avec un risque de fièvre non négligeable ». Plus loin, l'auteur précise que les « équipements de rafraîchissement sont incapables de réduire la température sous les 100° [38 °C] pendant la majorité de la saison chaude ». Cela n'empêche pas les Britanniques d'essayer : ils accrochent des linges humides à leurs fenêtres et à leurs portes pour s'en préserver, et font importer à grands frais de la glace par cargo depuis la Nouvelle-Angleterre. Un gin bien glacé, ça n'a pas de prix... Mais leur astuce suprême consiste à s'équiper de « punkah » – une pièce de tissu rectangulaire, encadrée de bois et suspendue dans la plupart des pièces des résidences coloniales, qui en se balançant engendre un courant d'air bienvenu. Le serviteur qui l'actionne du bout d'une corde est nommé « punkawallah ». Ces ventilateurs humains, souvent issus des franges très populaires de la société, passent ainsi leur journée à éventer, par la force des mains – ou des pieds, comme on le constate sur certaines photos d'époque –, les résidences des colons.

« Vous avez le punkah en service tout le jour et la nuit, affirme un colon, et à cet effet vous devez avoir deux servants pour se relayer. » Les punkawallah officient le plus souvent depuis l'extérieur, leur présence étant incompatible avec les dîners mondains du gratin britannique. Bon nombre de témoignages se plaignent des fugues de serviteurs ou de leur paresse. Quant à la paye, elle est misérable. « Pour un travail éreintant de neuf heures successives, sans interruption, ils reçoivent 2,60 dollars par mois », note un observateur en 1915. De toute manière, leurs services ne sont plus utilisés que sporadiquement à la veille de la Première Guerre mondiale : le ventilateur électrique vient d'arriver...

GARDIEN DE PHARE

Forteresse de solitude

Secoué par le tonnerre, ébranlé par les vagues, le phare tremble. À chaque instant, il semble vaciller ; non, il tient bon. Avec une prudence infinie, le gardien risque un regard au-delà du parapet. Le vent hurle à ses oreilles. En contrebas, dans les remous d'écume, il aperçoit comme une meute de chiens blancs à l'assaut de sa forteresse. Ce qui ressemble à un bras-de-fer entre l'homme et la nature est en réalité son lot quotidien.

Difficile de retracer les origines de ce métier sans doute apparu sur les pourtours de la Méditerranée antique. L'un des premiers phares de l'histoire, bâti sous la dynastie des Ptolémée (IIIe siècle av. J.-C.) est planté sur l'île de Pharos, d'où le nom commun. Ailleurs, Pline l'Ancien décrit « en Afrique et en Espagne les tours d'Hannibal, en Asie des constructions semblables destinées à donner l'alarme en cas d'invasion des pirates ». Mais les marins se repèrent surtout aux volcans, temples, éperons rocheux qui jalonnent leur parcours. Les feux, allumés avec de l'huile végétale ou animale, ne sont entretenus que sporadiquement, par exemple quand un navire est attendu.

Au Moyen Âge, la construction de phares n'est pas systématique : on s'appuie sur les installations existantes (clochers d'églises, donjons…), leurs hôtes étant rémunérés pour entretenir un fanal à leur sommet. Lorsque les gardiens finissent par entrer à plein temps dans le métier, en France à partir du XVIIIe siècle, certains phares sont plus difficiles à dompter que d'autres. Ceux situés en pleine mer, dans un décor bouillonnant de vagues et d'embruns, sont redoutés : dans le folklore marin, on les qualifie d'« enfers ». Ceux des îles également, baptisés « purgatoires ». On trouve ainsi un phare désaffecté sur Queimada Grande, au large du Brésil, peuplé exclusivement de serpents venimeux… Et un autre sur Strombolicchio, une île aride et inhospitalière en pleine mer Tyrrhénienne. Il faut y passer au moins dix ans pour être muté ailleurs !

Dans les phares plus paisibles, ce sont l'ennui et la solitude qui conduisent parfois les bergers des mers à s'adonner à la boisson. Au large du Finistère, dans les années 1700, les navires français ont pour habitude de tirer un coup de canon afin de réveiller le gardien pour le rappeler à sa besogne... preuve de son manque de zèle, certainement causé par une paie insignifiante. En 1913, l'un d'eux se plaint encore : « Imaginez ce qu'est notre existence dans les tours humides où nous vivons sans distraction, sans plaisir. » Par ailleurs, leur ravitaillement est tributaire des tempêtes et des marées : les vivres qui leur parviennent sont parfois gâtés – quand ils arrivent. À cela s'ajoutent les rhumatismes, fluxions de poitrine, grippes contractées à cause de l'humidité ambiante, ainsi que les risques d'accident. On ne compte plus le nombre de gardiens emportés par les lames de l'océan ! L'un d'eux, Paul Salaün, est foudroyé dans l'exercice de ses fonctions en 1899.

Chassés par l'automatisation des phares, les gardiens disparaissent pour la plupart au cours de la seconde moitié du XXe siècle. Des légendes de phares hantés par leurs anciens occupants leur survivent...

ORPAILLEUR

Nouveau riche

Au milieu du XIXe siècle, la Californie est un vaste mirage de poussière balayé par les *tumbleweeds*. Orpheline du Mexique, elle n'a pas encore de Constitution. San Francisco est une bourgade ensommeillée de 200 âmes aux toits branlants. Les hivers sont froids, les étés torrides. Seuls les autochtones, établis là depuis des siècles, et quelques aventuriers connaissent les secrets de ses vallées et de ses ravins.

Une étrange coïncidence va tout faire changer. Le 24 janvier 1848, alors qu'il bâtit une scierie dans la vallée de Coloma, près de la South Fork American River, le menuisier James Marshall découvre deux pépites d'or dans le lit de la rivière. Cette trouvaille va enclencher la plus grande migration humaine de l'histoire américaine. Relayée par la presse, elle porte les nouvelles de la fièvre de l'or aux quatre coins du pays et, bientôt, sur l'ensemble de la planète. « Le pays entier, de San Francisco à Los Angeles et de la côte jusqu'au pied de la Sierra Nevada, résonne du cri sordide de l'or, l'or, L'OR alors que le champ est à moitié cultivé, la maison à demi construite, et que tout est négligé à l'exception de la production de pelles et de pioches », s'étonne le journal local le 29 mai.

Le secret ébruité, Marshall doit bientôt faire ses bagages, dérangé par les hordes d'orpailleurs qui remuent le sable à ses pieds, appâtés par la promesse de richesses faciles. Ses droits de propriété, comme ceux des autochtones, sont allègrement bafoués. Bientôt, les chercheurs d'or ont envahi le territoire : fraîchement débarqués de leurs chariots de fortune, ils se plient en deux au-dessus du lit de la rivière, bâtée et pelle à la main, espérant piéger dans leur tamis quelques graviers de précieux métal. D'autres détournent les cours d'eau ou désossent les collines aurifères à l'aide de puissants jets d'eau qui engendrent des glissements de terrain. En quelques années, près de 300 000 aventuriers vont gagner la Californie, arrivés des États voisins mais aussi d'Europe, d'Amérique du Sud, des îles du Pacifique, de Chine… Coloma, devenue florissante, les accueille à bras ouverts : très vite, elle abrite son propre quartier chinois, et on y déguste des huîtres et des viandes racées. Lorsque les langues des orpailleurs se délient, à la table d'un saloon, toutes les conversations, qu'elles se tissent en anglais, en espagnol, en français, en allemand, en russe, en polonais ou en italien, résonnent du même appel irrésistible de l'or…

Qui sont-ils ? La plupart n'ont même pas 30 ans. Ils ont embarqué – ou abandonné – femme et enfants dans l'espoir d'une vie meilleure, hypothéqué leurs biens pour se payer le voyage. De nombreux succombent en chemin, comme la tristement célèbre équipée Donner-Reed, prise dans les neiges du Nevada durant l'hiver 1846 et contrainte au cannibalisme. Et ceux qui parviennent à destination au terme de cinq mois de voyage périlleux découvrent une réalité bien plus rude que celle dépeinte par les témoignages des aventuriers ou les guides de voyage. Conditions de travail exténuantes, aléas climatiques, conflits avec les autochtones, banditisme, incendies, lynchages, ravages du scorbut ou du choléra… Les orpailleurs vivent d'expédients, dormant sous des toiles de tente, se nourrissant de viande salée et de haricots, les pieds couverts d'engelures à force de patauger dans les rivières stériles. Si les premiers mineurs arrivés sur les concessions ont pu considérablement s'enrichir, à partir de 1852, la terre semble avoir digéré toutes ses pépites. Il faut extraire environ une once d'or par jour pour vivre dignement : mais pour la plupart des migrants, cet espoir est souvent déçu. Chacun remue quotidiennement environ une tonne de sable. « Je n'ai jamais autant travaillé de ma vie pour m'enrichir sans travailler », ironisera un orpailleur peu de temps après son arrivée. « La recherche de l'or est une grande loterie de la Nature, renchérit un autre. Un homme peut fort bien travailler de nombreux mois dans une concession et se retrouver à la fin de cette période plus pauvre qu'au départ. » Contraints de rebrousser chemin, certains se reconvertissent et deviennent menuisiers, paysans ou mécanos. D'autres vrillent vers une carrière opportuniste de *desperados*, comme ces malfaiteurs qui braquent les caravanes d'or brut extrait du ventre des Rocheuses.

L'or ne fait décidément pas le bonheur : les populations autochtones de l'Ouest sont anéanties par les pionniers, qui annexent leurs terres et déciment leurs tribus. Sur les 150 000 qui peuplaient la Californie en 1848, seuls 20 000 survivent encore dix ans plus tard. Désastre humain, mais aussi écologique : les eaux poissonneuses des rivières se meurent. Les vallées vierges, défrichées à la hâte, deviennent chauves et tapissées de cabanes en rondins. Le jeu, le banditisme et la prostitution gangrènent les cités de l'or, dans un décor Wild West pur jus. Mais qu'importent les désastres, pourvu que l'économie prospère ! Dans le sillage des prospecteurs, l'Ouest américain s'est pavé de routes et hérissé d'églises. Le « cheval de fer » ferroviaire étend ses tentacules métalliques jusqu'aux moindres recoins du pays, bientôt colonisé par les *hobos*, enfants de la Grande Dépression.

Après les chercheurs d'or, la Californie abritera les foreurs de pétrole, les réalisateurs excentriques puis les start-uppers multimillionnaires. Mais il a suffi de quelques années pour que l'État devienne le « Golden State », territoire riche et populeux toujours imprégné de l'esprit libertaire des pionniers. Derrière le mythe fondateur, la réalité des orpailleurs était bien plus terne : vaincus par la fatigue, le froid, la faim ou la violence, nombre d'entre eux ont été enterrés à la hâte dans les sables aurifères. Aujourd'hui encore, la scierie à l'abandon de Coloma, point de départ de la conquête de l'Ouest, renvoie la Californie à ses origines modestes. Celles des grumes et des saumons, des trappeurs solitaires et des tribus sauvages sillonnant ses vallées.

CINQUIÈME PARTIE

Le salaire de la peur

GOÛTEUR

Langue vivante

« Santé ! »

Autour de la table, les verres s'entrechoquent, les rires fusent, les regards légèrement émoussés se croisent. Mais pourquoi trinque-t-on ? Apparue au Moyen Âge, cette coutume en apparence festive traduit une réalité bien plus sombre. Lors des banquets médiévaux, amis comme ennemis se retrouvaient à la même table pour festoyer. L'occasion rêvée pour un empoisonneur de se débarrasser d'un rival encombrant ! Il lui suffisait de glisser, avec la complicité d'un apothicaire, un peu « d'herbe à sorcières » dans le verre de la victime, et le tour était joué... Dans ce contexte de méfiance généralisée, il convient de montrer patte blanche lors d'un repas. En signe de bonne foi, les convives entrechoquent donc leurs chopes, de sorte que leurs breuvages se mélangent.

Toujours est-il que le risque d'empoisonnement est permanent à la table des grands, et ce bien avant les poudres mortelles des Borgia. Dès l'Antiquité, empereurs et princes se dotent d'un *praegustator*, ou goûteur. On le retrouve auprès d'Alexandre le Grand, des seigneurs perses et des empereurs romains. Son rôle ? Tester la nourriture et la boisson servies à son maître, et confirmer qu'elles ne présentent aucun danger. L'empereur Auguste, le premier Romain à employer un goûteur de façon régulière, voit ainsi succomber un certain Coetus Herodianus, entré à son service quelques années plus tôt. L'histoire se venge sur l'un de ses successeurs : Halotus, un eunuque qui testait les plats de l'empereur Claude, sert lui-même une ration de champignons vénéneux à son maître...

Certains empoisonneurs rivalisent d'ingéniosité pour échapper à la vigilance du goûteur. Britannicus, le fils de l'empereur Claude, est ainsi contaminé par un procédé audacieux, nous dit Tacite : « Comme il ne mangeait ou ne buvait rien qui n'eût été goûté par un esclave de confiance, et qu'on ne voulait ni manquer à cette coutume, ni déceler le crime par deux morts à la fois, voici la ruse qu'on imagina. Un breuvage encore innocent, et goûté par l'esclave, fut servi à Britannicus ; mais la liqueur était trop chaude, et il ne put la boire. Avec l'eau dont on la rafraîchit, on y versa le poison, qui circula si rapidement dans ses veines qu'il lui ravit en même temps la parole et la vie. » Dans ce contexte de soupçon, où les goûteurs peuvent être corrompus ou éliminés, la paranoïa ambiante suffit parfois à tuer. En témoigne l'histoire édifiante du roi pontique Mithridate VI (132-63 av. J.-C.) : son père avait justement succombé à un empoisonnement ; terriblement suspicieux, le fils absorbait régulièrement de faibles doses de poison afin de garantir, pensait-il, son immunité. Mais lorsque le vent diplomatique tourna et qu'il tenta de se suicider, la dose ingérée n'était plus suffisante pour lui ôter la vie : le souverain dut être achevé par l'épée d'un de ses gardes du corps, au terme d'atroces souffrances...

Le pouvoir des empoisonneurs enfle considérablement au Moyen Âge. Les guérisseurs recensent dans leurs grimoires de plus en plus de plantes méconnues ; les apothicaires en apprivoisent les propriétés ; dans l'intimité des puissants, druides, savants et chimistes s'activent pour élaborer ces « calices de la mort ». Les traités qui les popularisent affluent, parfois sous le manteau, dans les bibliothèques d'Europe : au bas mot, une trentaine d'ouvrages entre le XIIe et le XVIIe siècle. Parmi leurs plus fervents lecteurs, les papes, souvent mordus d'ésotérisme et couverts d'amulettes. On les dit motivés par la potion de vie éternelle... mais ne se penchent-il pas aussi sur des élixirs moins digestes ? Le fameux *Traité des poisons* de Maïmonide (XIIe siècle) a été traduit spécialement pour Clément V, tandis que Boniface VIII possède une traduction de la thèse d'Averroès sur la thériaque, un contrepoison célèbre. Ce souverain pontife du XIIIe siècle se montre particulièrement prudent : il utilise des couverts soi-disant taillés dans la corne de licorne, convaincu que l'artéfact révélera les mauvaises intentions de ses ennemis.

Avec le personnel de plus en plus nombreux qui officie derrière les fourneaux des grands rois, le poison est partout. Henri VIII n'emploie pas moins de 200 cuisiniers, laquais, vinaigriers, porteurs, bouchers, boulangers dans ses cuisines de Hampton Court. Les goûteurs ne testent plus seulement la nourriture et la boisson : lors d'un banquet de 1465, un serviteur embrasse la serviette ainsi que les couverts de son seigneur pour « évaluation ». Il goûte même le sel ! Ces pratiques perdureront dans les cours européennes jusqu'à ce qu'une réglementation plus stricte soit instaurée, notamment à l'initiative de Louis XIV qui exige une meilleure traçabilité des produits vénéneux par un édit de 1682.

Cela n'empêchera pas les puissants du XXe siècle de perpétuer la pratique. Vers 1941, on retrouve 15 goûteuses à la Tanière du Loup, repaire prussien d'Adolf Hitler. Enrôlées de force, elles sont terrorisées lorsque l'heure du déjeuner survient. « Certaines des filles commençaient à verser quelques larmes dès les premières bouchées, elles avaient si peur, témoignera Margot Wölk, l'une des survivantes. Ensuite, nous devions attendre une heure, et craignions de tomber malade dans l'intervalle. [Quand l'heure était passée], nous pleurions comme des chiens : nous étions si heureuses d'être encore en vie. » De nos jours, on murmure que la Maison Blanche ou le Kremlin continueraient d'employer des goûteurs.

BESTIAIRE

Fauves qui peut !

Une foule compacte s'ébranle et se dirige, comme un seul homme, vers le Colisée de Rome. Nous sommes au Ier siècle après J.-C., et l'empereur Auguste organise des chasses spectaculaires, à ne manquer sous aucun prétexte ! Ce matin, de jeunes hommes armés de lances et de fouets vont s'avancer sur les sables de l'amphithéâtre. Ils se font appeler bestiaires (*bestiarii*) ou chasseurs (*venatores*).

Lorsque les trappes s'ouvriront, leur sang ne fera qu'un tour : aussitôt lions, éléphants, hippopotames, rhinocéros, zèbres, autruches ou crocodiles pénétreront dans l'arène. Au forum, la rumeur court qu'Auguste y déploiera un python de neuf mètres... Âmes sensibles s'abstenir.

Ces guerriers, amateurs de sensations fortes, ne sont pas tous volontaires. Sénèque rapporte le suicide d'un bestiaire germain qui, craignant d'affronter les bêtes, s'enfonça une éponge – dont les Romains se servent pour leur toilette intime – dans la gorge. Dans le lot, on trouve beaucoup de condamnés à mort, livrés aux animaux nus et désarmés. Mais les chasseurs de l'arène qui s'y engagent volontairement peuvent amasser des fortunes. D'autres sont en quête de gloire et d'honneurs, passeport vers une carrière politique. C'est pourquoi l'aristocratie romaine y participe : Néron s'y est essayé, Commode y a triomphé (sa spécialité, la décapitation des autruches), Tibère lui-même a transpercé un sanglier de javelots vers la fin de son règne...

Bien sûr, même s'ils ont davantage de chances de survie que leurs homologues gladiateurs, les chasseurs courent de grands risques. Certains sont lacérés par les griffes des lions, d'autres piétinés par les éléphants. Il n'est pas rare de voir les bêtes en furie aller jusqu'à éventrer les premiers rangs des spectateurs – ce qui poussera à hisser des barrières et à creuser des fossés au pied des gradins. On raconte qu'au Ier siècle de notre ère, l'empereur Claude fit abattre un lion trop habitué au goût de la chair humaine...

À l'issue de ces spectacles, les tableaux de chasse prennent des proportions affolantes. Neuf mille animaux (!) sont mis à mort lors de l'inauguration du Colisée. Il faut imaginer le nombre de carcasses tirées dans le ventre de l'arène pour y être dépecées... Jusqu'au IVe siècle, leur trafic fait l'objet d'un commerce lucratif : dresseurs, braconniers et fournisseurs les monnayent à prix d'or. Cependant, à mesure que Rome marche vers sa chute, les éléphants des colonies africaines, les hippopotames de Nubie et les tigres d'Hyrcanie ont presque tous disparu. L'extinction guette, mais qui s'en préoccupe ? Devant le Colisée sur lequel la nuit est tombée, on profite du banquet dressé par l'empereur. Et des viandes souillées du sang des bestiaires qui, dit-on, fortifient l'âme.

BALEINIER

Pêche capitale

Depuis l'aube des temps, l'homme a scruté la mer comme il dévisageait les étoiles : avec une pointe de curiosité mêlée de terreur. « Je ne connais rien de plus terrible que la mer pour affaiblir un homme quelque fort qu'il soit », reconnaît Laodamas, un héros grec qui s'illustre lors de jeux sportifs dans *L'Odyssée*. Les mythes de l'Antiquité soulignent à la fois la fascination et la crainte que l'océan inspire. Peuplé de monstres marins et de divinités tempétueuses, c'est le repaire du Léviathan biblique ou du Kraken de la mythologie scandinave. Mais la mer est aussi nourricière, et la consommation de fruits de mer est attestée depuis des millénaires, ainsi qu'en témoignent les nombreux dépotoirs antiques bourrés de coques et de coquilles. S'aventurer en mer constitue donc, pour nos ancêtres, une tâche dangereuse mais nécessaire à leur survie. Tout particulièrement lorsqu'ils ont pour mission de chasser le plus gros mammifère que la Terre ait porté.

Difficile de dire quand les premiers baleiniers ont levé l'ancre. Des gravures rupestres découvertes en Norvège et en Asie orientale immortalisent des pêcheurs de baleines, mais les espèces concernées ne sont pas identifiables. Des os de cétacés datant de l'époque romaine ont également été exhumés près du détroit de Gibraltar, dans une zone autrefois utilisée pour les salaisons. Il n'est pas impossible que les animaux consommés se soient tout simplement échoués sur la grève. Une véritable aubaine : l'animal permet de nourrir un village de cent âmes durant un hiver entier !

C'est à partir du Moyen Âge que les chasseurs de baleine prennent le large en bandes organisées. Les pêcheurs basques traquent baleines franches, baleines grises et cachalots du golfe de Gascogne dès le XIe siècle. Une fois harponné et mis à mort, l'animal flotte et peut être remorqué jusqu'à la grève. Rien ne se perd, tout se transforme : en plus de fournir plusieurs tonnes d'une viande caoutchouteuse mais riche en protéines, la bête regorge d'huile qui sert de combustible ou de lubrifiant, et on utilise ses fanons pour renforcer les souliers ou fabriquer des filets de pêche. Preuve de l'importance économique de l'animal, une loi anglaise du XIVe siècle réserve au roi tout cétacé échoué sur les côtes britanniques… Le grapois salé, chair de baleine transformée en salaison, peut être conservé plusieurs mois et son commerce engendre des profits considérables.

À partir du XVIe siècle, les Basques exportent leur art au large des côtes canadiennes, bientôt explorées par Samuel de Champlain. « [Les] baleines se pêchent tout le long des côtes de la nouvelle France presque en toute saison », écrit le navigateur au début des années 1600. Il décrit avec précision la méthode séculaire des Basques : « Ils ont en chacune chaloupe un harponneur, qui est un homme des plus dispos et adroits d'entre eux, aussi tire-t-il les plus grands salaires après les maîtres, d'autant que c'est l'office le plus hasardeux. [...] Aussi tôt que ledit harponneur voit son temps, il jette son harpon sur la baleine, [laquelle] va au fond de l'eau. Et si d'aventure, en se retournant quelquefois, avec sa queue elle rencontre la chaloupe, ou les hommes, elle les brise aussi facilement qu'un verre. » Le harpon étant relié à une corde de chanvre solidement agrippée par le reste de l'équipage, la chaloupe suit les mouvements de la baleine (« aussi vite qu'un cheval » nous apprend Champlain) et attend sa remontée à la surface pour l'achever à coups de piques et de lances.

Cette activité périlleuse se solde parfois par des naufrages. Une baleine blanche réplique violemment lors de sa première confrontation avec des pêcheurs au large du Chili, en 1810. Attaqué par un cachalot le 20 novembre 1820, le baleinier *Essex* sombre au large des îles Galápagos : il inspirera à Herman Melville son roman *Moby Dick* (1851). D'autres surprises attendent les baleiniers. En 1785, des pêcheurs de Dunkerque prétendent avoir découvert des tentacules de kraken dans la bouche d'une baleine. Ainsi les mythes antiques continuent-ils d'enténébrer les océans...

Petit à petit, les bassins de reproduction des baleines, surexploités, s'assèchent. Le golfe de Gascogne, les côtes terre-neuviennes et brésiliennes se tarissent. Il faut aller chercher plus loin, en pleine mer, les indomptables cétacés – mission facilitée par l'invention du canon à harpon dans les années 1870.

En France, le rendement de la pêche à la baleine décroît fortement au cours du XIXe siècle, ce qui n'empêche pas l'industrie de continuer à prospérer. Il faut attendre 1946 pour voir s'établir les premiers textes législatifs de protection des baleines, qui ne sont pas toujours scrupuleusement respectés. Au XXIe siècle, le métier de baleinier a quasiment disparu. Comme sa proie d'autrefois.

DRAVEUR

Submergé de travail

La tradition du flottage, qui utilise les cours d'eau pour le transport du bois abattu, se pratique dès le Moyen Âge. Mais c'est outre-Atlantique, au début du XIXe siècle, qu'elle connaît son âge d'or. Très populaire en Amérique du Nord, elle emploie des centaines de draveurs. Ceux-ci bûcheronnent tout l'hiver, tandis que les rivières sont gelées, et attendent la débâcle printanière pour jeter à l'eau le profit de leur collecte. C'est ici que la partie difficile de leur métier commence : il leur faut acheminer le bois jusqu'à sa destination, généralement un moulin à papier situé en aval… En équilibre sur les troncs d'arbre flottants, chaussé de semelles cloutées, le draveur doit diriger cette embarcation précaire le long des cours d'eau. Si le courant s'accélère ou que le passage est obstrué, il faut improviser, faute de quoi l'on meurt écrasé par ses billots...

Cousins des draveurs, les cageurs canadiens ne campent pas, comme ces derniers, sous des tentes plantées au bord des cours d'eau : ils assemblent des centaines de troncs pour former un train de bois qui s'étend parfois sur plus d'un kilomètre ! Actionné à la force des rames, ce navire de fortune est équipé de dortoirs et d'une cambuse pouvant loger 30 à 60 ouvriers. L'ensemble est plus stable, mais qu'on le laisse prendre un peu de vitesse dans les rapides, et les wagons de bois deviennent train d'enfer... D'ailleurs, passant le plus clair de son temps les pieds dans l'eau, le flotteur est sujet à l'hypothermie, aux orteils gelés et aux infections diverses. On ne compte plus les noyades et les accidents qui endeuillent la profession. Comme autant de marins rentrant au port, tous ces travailleurs d'hiver, « dont la force musculaire, l'endurance, l'insensibilité du foie et de l'estomac sont les principales ressources naturelles » retrouvent leur famille au printemps, avec dans le regard une fierté non dissimulée. Et quantité d'histoires à raconter.

FABRICANTE D'ALLUMETTES

À petit feu

Au Xe siècle, en Chine, elle ne s'appelle pas encore allumette : là-bas, on la surnomme « l'esclave porte-lumière » (*yin kuang nu*). Vendu sur les marchés, ce « bâtonnet à feu d'un pouce » étonne Marco

Polo, mais ne connaîtra sa gloire européenne que dans le brasier de l'industrialisation. Il faut en effet attendre le XIXe siècle pour que l'allumette soit produite par millions. Le procédé de fabrication est simple et peu coûteux : des bâtonnets de pin ou de peuplier, dont on a plongé la tête dans un mélange de glu, de chlorate de potasse et de phosphore… mais il n'est pas sans danger ! Le dernier ingrédient dégage en effet des exhalaisons très nocives et, dans de grandes usines mal ventilées, les travailleurs en payent le prix fort. À partir des années 1830, les ouvriers et les ouvrières de l'industrie souffrent d'une maladie effroyable : leurs mâchoires se nécrosent, leurs gencives enflent, leurs dents tombent, laissant apparaître des visages creux et affreusement tuméfiés.

En l'espace de quelques années passées à respirer ces effluves toxiques, les fabricantes d'allumettes se retrouvent défigurées, également accablées de migraines et de maux d'estomac. Certaines succombent même à cet empoisonnement quotidien au phosphore. En 1892, une certaine Mrs Fleet, après cinq ans de bons et loyaux services chez un grand industriel de l'allumette, se plaint de douleurs à la mâchoire. « C'est comme si quelqu'un éraflait les os de ma joue », gémit-elle. Pire, l'odeur nauséabonde de l'os pourri – dont on dit qu'il dégage une faible lueur phosphorescente – maintient ses proches à distance. Déclarée guérie, sa condition la prive d'un retour à l'emploi, son apparence physique étant susceptible d'affoler les autres employés.

Comment les pouvoirs publics réagissent-ils ? Lentes à établir le lien avec l'utilisation de phosphore, les autorités européennes commencent par interdire la manufacture des allumettes dites « Lucifer », notoirement explosives et contenant du phosphore blanc. La Finlande puis le Danemark et la France interdisent le procédé avant la fin du XXe siècle. Cela ne se fait pas sans heurts : en Angleterre, une protestation mémorable éclate en juillet 1888. Les ouvrières de l'usine Bryant & May, géant de l'allumette londonienne installé sur un hectare de l'East End, entrent en grève pour l'amélioration de leurs conditions de travail. Preuve que leur santé n'est pas la principale motivation derrière ce soulèvement, les travailleuses réclament une augmentation de leur paye, plafonnée à huit shillings par semaine et soumise à des amendes de la part des contremaîtres. Dans un des quartiers les plus mal famés de Londres, miné par le chômage, la criminalité et l'alcoolisme, cette rébellion rassemble une armée de petites mains. En 1899, finalement, les ouvrières et leurs soutiens obtiennent gain de cause. Les usines anglaises reçoivent l'obligation d'appliquer plusieurs règles sanitaires : une meilleure ventilation de leurs sites, l'inspection dentaire régulière de leurs employés, et l'arrêt systématique du travail pour tout ouvrier se plaignant de douleurs à la mâchoire. Pour couronner cette victoire sociale, la Convention de Berne, en 1907, bannit définitivement l'utilisation du phosphore blanc. Il était temps : les travailleuses de l'allumette étaient au bord de l'extinction…

LOUVETIER

Une fin de loup

« Gare, gare ! Au loup ! »

Le cri déchire la quiétude de la lande. Au Moyen Âge, quand les bourgs tutoient encore la forêt, il n'est pas rare que les loups épouvantent les paysans. Les hivers rigoureux poussent les prédateurs à l'intérieur des terres ; ces derniers sont aussi appâtés par les champs de bataille couverts de morts. « Les cadavres gisant çà et là, privés de sépulture à cause de leur multitude, engraissèrent les loups qui, après une longue interruption, prirent leur proie parmi les hommes », écrit le moine historien Raoul Glaber au XIe siècle. Le folklore de l'époque, riche de loups-garous et de monstres sanguinaires hurlant à la lune, témoigne de l'effroi que ces bêtes suscitent (et ce, jusqu'au *Petit Chaperon Rouge* de Charles Perrault, popularisé à la fin du XVIIe siècle).

Comment réagir ? Des lieutenants de louveterie chargés de l'élimination des loups sont mobilisés dès Charlemagne (IXe siècle). Souvent issus de la paysannerie, ils arpentent les forêts et les plaines arbalète à la main, et capturent les bêtes ou les abattent, moyennant compensation. L'objectif est double : rassurer la population, mais surtout protéger les cheptels de vaches, moutons et chevaux, souvent victimes des voraces carnivores. En Angleterre, vers l'an 959, le roi Edgar le Pacifique « dompta les Gallois et, pour tribut, il leur demanda 300 têtes de loups tous les ans ». Au XVe siècle, autre sujet de panique : les loups entrent dans Paris ! Les gazettes médiévales font état de l'hécatombe, comme en septembre 1439 : « En celui temps, spécialement tant comme roi fut à Paris, furent les loups si enragés de manger chair d'homme, de femme ou d'enfants que, en la dernière semaine de septembre, étranglèrent et mangèrent 14 personnes [...] ; et s'ils trouvaient un troupeau de bêtes, ils assaillaient le berger et laissaient les bêtes... »

Jusqu'à la Révolution, les traques sont régulières et encouragées par le trône. Les grandes battues royales, d'ailleurs, entament considérablement la population de loups. Le Grand Dauphin, fils de Louis XIV, participera à un millier de battues en trente ans, si bien que le *Mercure de France* note en janvier 1688 : « En France, on ne voit que des loups pour tous animaux féroces. Il n'y en a plus guère présentement aux environs de Paris : Monseigneur le Dauphin les en a purgés. » En revanche, l'animal continue de semer la terreur en province, notamment dans le pays du Gévaudan (actuelle Lozère) entre 1764 et 1767 : pendant trois ans, une redoutable « bête féroce » – ou plusieurs – y fait près d'une centaine de morts, et le triple de blessés. Les jugeant trop coûteuses, Louis XVI fait disparaître les compagnies de louveterie par une ordonnance royale du 9 août 1787. Ressuscitées par Napoléon, inquiet de l'explosion de la population des loups, elles se sont maintenues jusqu'à nos jours en chassant d'autres bêtes jugées « invasives », notamment les sangliers. Mais c'est surtout l'urbanisation, dévoreuse des bois et des forêts, qui a eu raison du canidé à l'aube du XXe siècle...

MESSAGER

La course ou la vie

Si le facteur n'a plus grand-chose à craindre de nos jours, mis à part le jappement occasionnel d'un chien trop territorial, ce ne fut pas toujours le cas. Dès l'Antiquité, des messagers investis de missions périlleuses taillent la route à dos de cheval, de dromadaire, ou à la force des mollets. Il est de coutume pour les courriers grecs de courir jusqu'à leur destination : le plus célèbre d'entre eux, Philippidès, parcourt 42 kilomètres au pas de course pour annoncer aux Athéniens la victoire des Grecs à Marathon.

« Ils disent qu'il arriva à Athènes encore tout fumant du sang des ennemis, raconte Plutarque ; qu'il tomba de fatigue à la porte des magistrats, à qui il ne dit que ces paroles : "Réjouissez-vous, nous avons vaincu" et qu'il tomba mort à leurs pieds. »

C'était en 490 av. J.-C., au terme d'une bataille décisive contre les Perses. Les guerres médiques, cependant, n'en sont qu'à leurs balbutiements, et la tâche de livrer de mauvaises nouvelles incombe toujours aux hémérodromes – porteurs de courrier grecs et romains – qui courent là un grand risque. Dix ans après Marathon, Xerxès, roi de Perse, se refuse à en déployer en Grèce pour éviter de verser inutilement leur sang. « Xerxès ne dépêcha point de hérauts à Athènes et à Sparte pour exiger la soumission de ces villes, explique Hérodote. Darius [son prédécesseur] leur en avait envoyé précédemment pour ce même sujet ; mais les Athéniens les avaient jetés dans le Barathre [fossé d'Athènes où l'on précipite les condamnés à mort], et les Lacédémoniens dans un puits, où ils leur dirent de prendre de la terre et de l'eau, et de les porter à leur roi. »

Le sacrifice de messagers perdurera sous l'Antiquité romaine. Engagé dans un conflit de longue date contre le Royaume du Pont (actuelle Turquie), le général romain Lucullus enjambe le Tigre et envahit l'Arménie vers l'an 71 avant notre ère. Un héraut se dépêche d'en avertir Tigrane, le souverain local : « Le premier qui vint apporter à Tigrane la nouvelle de l'approche de Lucullus n'eut pas à s'en féliciter ; il le paya de sa tête. » Par ailleurs, en qualité d'émissaires souvent porteurs de missives diplomatiques de la plus haute importance, ils peuvent être capturés par l'ennemi et leurs messages interceptés. Raison pour laquelle on privilégie des messages oraux plutôt qu'écrits, ainsi que le reconnaît Éginhard, contemporain de Charlemagne : « À mon avis, un homme fidèle est encore plus sûr qu'une lettre ; car tout le monde sait qu'une lettre, si elle échappe à celui qui la porte, divulgue aussitôt tout ce qu'elle renferme, tandis qu'un messager fidèle résiste à la torture même, plutôt que de trahir ce qui lui est confié. » Tant mieux : la punition encourue pour vente de secrets à l'ennemi (ou la divulgation de fausses nouvelles) est généralement la mort, ou au mieux, la langue percée et la lèvre marquée au fer rouge… Durant le Moyen Âge, les messagers sont souvent indissociables des espions, raison pour laquelle on s'en méfie copieusement.

Les hérauts du Moyen Âge tardif rencontrent davantage de bienveillance. D'abord, parce que les codes de la chevalerie exigent qu'on les respecte ; ensuite, parce qu'une tâche nouvelle leur est confiée à partir du XIIe siècle – celle d'annoncer les joutes officielles. Chargé de repérer au premier coup d'œil les armoiries des concurrents, afin de les proclamer à la foule, le héraut enfantera l'héraldique, l'étude des blasons. Puis, avec l'expansion des cités, le messager n'est plus seulement tourné vers l'extérieur : c'est aussi le « crieur » qui annonce, sur la place publique, les nouvelles lois, les jours de marché, les horaires des messes ou le prix du vin. Détenteur de l'autorité royale, il est protégé en Angleterre et la moindre menace qui le vise est considérée comme un acte de trahison. C'est enfin, toujours au Moyen Âge, l'arbitre du champ de bataille, qui proclame la victoire de l'un ou de l'autre camp. Tâche dangereuse, près des moulinets dévastateurs des armes : ainsi, précise un manuel pratique du XVe siècle, les hérauts « doivent se trouver au plus près possible du combat pour voir combattre les plus vaillants, tant d'une part que d'autre ». En observateurs habiles et impartiaux, ils transcrivent plus tard l'histoire du combat : « Quand vient la déconfiture, ils doivent regarder lesquels s'enfuient et en avoir mémoire ; et quand la besogne est finie, ils doivent compter et identifier les morts, du moins ceux de qualité. » Des manuels d'histoire ambulants, en quelque sorte.

Mais les services des messagers ne se démocratisent pas pour autant. Loin de là. Rappelons qu'il s'agit d'une époque où la communication est exclusivement orale ; seuls les monastères et les universités entretiennent une correspondance écrite. La plupart du temps, les messagers sont réservés à l'aristocratie et aux décisionnaires : le roi d'Angleterre Henri VIII se dote d'un Maître des Postes en 1538, tandis qu'en France, c'est Louis XIV qui démocratisera la pratique, épluchant les correspondances de la cour versaillaise au sein de son ténébreux « Cabinet Noir » ! Comment, alors, prendre des nouvelles d'un lointain parent ? Jusqu'à la Renaissance, il est coutumier de voir une personne confier sa missive au premier quidam venu, simplement parce que ce dernier chemine dans la bonne direction – un marin vers son port d'attache, un soldat en campagne, un simple vagabond... Ce n'est qu'en 1840 que le timbre-poste fait son apparition – le *black penny*, à l'effigie de la reine Victoria – ainsi que les premiers trains postaux, favorisés par l'industrialisation de masse. Les boîtes aux lettres « publiques » sont inventées peu ou prou à la même époque, en Angleterre à l'initiative de l'écrivain Anthony Trollope, en 1852 : travaillant comme receveur des postes (on lui remet en main propre le courrier à distribuer), il préfère faire installer des « piliers à lettres » sur les îles voisines, dont l'accès, tributaire des marées et de la météo, est incertain. C'est ainsi que les fameuses boîtes aux lettres rouges, typiques des centres-villes anglais, se répandent comme une traînée de poudre.

Dans les territoires plus isolés, la fonction de messager perdure. Au moment de l'introduction du *black penny* en Angleterre, la Ruée vers l'or galvanise les pionniers américains. Mais le réseau routier est quasi inexistant ; le courrier part généralement à bord d'une diligence vers les terres en friches de l'Ouest. Flairant le bon filon, trois entrepreneurs décident d'établir, en 1860, un relais postal entre le Missouri et la Californie – le fameux Pony Express. Un seul impératif guide leur entreprise : la vitesse ! Les cavaliers (qui doivent peser moins de 57 kg) ne portent qu'une sacoche pouvant renfermer neuf kilos de missives. Un revolver et une outre d'eau complètent leur équipement sommaire. À peu près le même dénuement que celui des messagers antiques, et les mêmes dangers : ces chétifs cavaliers ont à redouter les embuscades des Indiens et les pièges naturels de ces routes mal défrichées. « Orphelins privilégiés » précisent les petites annonces qui les recrutent.

Enfourchant une monture fraîche tous les 150 kilomètres environ, les messagers à cheval du Pony Express mettent en moyenne dix jours pour avaler les 3 000 kilomètres du trajet. Le record absolu est détenu par un certain Robert « Pony Bob » Haslam, qui transporta le discours inaugural de Lincoln en sept jours et dix-sept heures, alors que les moyens de transport traditionnels demandaient au moins vingt-cinq jours de trajet sur la même distance ! Malgré ces performances ébouriffantes, le Pony Express disparaît au bout de dix-huit mois, fragilisé par le déclenchement de la guerre de Sécession et surtout supplanté par le télégraphe transcontinental, établi en octobre 1861.

En moins d'un demi-siècle, le muscle mécanique prendra le relais. Le train, la voiture et bientôt l'Aéropostale décuplent la vitesse du courrier ; le temps des chevaux est passé, celui des chevaux-vapeur est arrivé.

SINGE À POUDRE

Baptême du feu

« Il y a trois sortes d'hommes : les vivants, les morts, et ceux qui sont en mer », aurait dit Aristote. Le singe à poudre ne contredirait sans doute pas cette maxime. Il a passé ses tendres années dans le feu de l'action, les mains noires de poudre. Parmi tous les marins qui l'entourent, il est l'un des premiers à comprendre l'étroitesse de la passerelle entre la vie et la mort.

Les premiers singes à poudre apparaissent sur les navires britanniques, au cœur de ce que les historiens appelleront bientôt « l'âge de la voile ». Nous sommes au XVIIe siècle. La marine s'est perfectionnée, et un arsenal destructeur dort derrière les sabords des vaisseaux de guerre. Dans le bassin méditerranéen, la lutte entre les équipages anglais, espagnol, français et hollandais fait rage. L'artillerie de bord constitue la principale menace qui plane sur l'adversaire… Pas de quartier ! On mitraille la flotte ennemie, on lacère les mâts et les voiles, on propage même des incendies en propulsant des boulets chauffés au rouge (d'où l'expression « tirer à boulets rouges » pour signaler une attaque particulièrement violente). Entre le XVIIe et le XIXe siècle, ces boucheries deviennent le quotidien de centaines de malheureux. Et de lourdes responsabilités incombent aux plus jeunes d'entre eux.

Les singes à poudre – on parle en anglais de *powder monkeys*, le terme étant exclusivement employé par la Royal Navy – sont des marins âgés de 12 à 14 ans, parfois plus jeunes encore. Quand ils ne sont pas enrôlés de force dans les ports britanniques, ce sont des gamins vagabonds ou orphelins à la recherche d'un toit et d'un couvert. Tenus de se déplacer avec souplesse et célérité dans les entrailles d'un navire de guerre, ils doivent être de taille moyenne et exécuter rapidement les manœuvres. Quelle est leur mission ? Pendant un assaut, ils sont chargés de faire le plein de poudre dans la « sainte-barbe », entrepôt des munitions situé au plus profond du vaisseau, puis de rapporter leur chargement jusqu'au pont pour nourrir les canons.

Si c'est souvent aux jeunes garçons que revient cette mission périlleuse, il arrive également que des femmes en aient la charge, voire les assistants du chirurgien de bord, venus prêter main-forte aux équipes de canonniers. Le tout dans un décor apocalyptique : explosions tonitruantes éventrant les bordages, éclats de bois gros comme des poignards volant en tous sens, cris d'agonie des blessés… « Nos bordées furent déchargées à bout touchant, et il en résulta un carnage horrible », commente le commandant français du *Redoutable* à Trafalgar. « En moins d'une demi-heure notre vaisseau fut tellement criblé qu'il ne présentait plus qu'un monceau de débris. […] Tous nos ponts étaient couverts de morts ensevelis sous les débris et les éclats des différentes parties du vaisseau. »

Il va sans dire que transporter une matière hautement inflammable durant une bataille confine au suicide. La « sainte-barbe » est à cet égard un espace hautement dangereux : il suffit d'une étincelle pour que l'appareil soit réduit en cendres. Lors de la bataille du Nil, en août 1798, la flotte anglaise commandée par l'amiral Nelson parvint à incendier le vaisseau français *Orient*. Les flammes atteignirent quelques minutes plus tard le magasin… et une explosion retentissante s'ensuivit, d'une telle force qu'elle fit sauter le bordage des navires voisins. On ne retrouva évidemment jamais le moindre corps.

Par ailleurs, aux risques de la bataille navale s'ajoutent ceux, autrement plus mortifères, de la vie en mer. Nourriture corrompue, choléra, fièvre jaune, typhoïde, scorbut, prolifération de vermine et discipline sévère tuent au moins autant que les canons ennemis. Comme le veut la coutume, tout marin saisi par la mort est cousu dans son hamac, suaire improvisé que l'on leste de boulets avant d'immerger le cadavre, l'empêchant de surnager... L'espérance de vie des hommes du XIXe siècle est raccourcie en moyenne d'une dizaine d'années dès lors qu'ils mettent le pied sur le pont d'un vaisseau. Mieux vaut y réfléchir à deux fois avant de s'enrôler !

Évacués des manuels d'histoire, les *powder monkeys* ont largement contribué à faire de la Royal Navy la flotte la plus puissante du monde aux XVIIe et XVIIIe siècles – le fruit d'une cadence redoutable et d'une coordination minutieuse de ses équipes de canonniers. Mais aussi risquée que soit la tâche, la gloire revint rarement à ces petites mains. D'abord, parce que le singe à poudre fait souvent partie des victimes collatérales, ensuite parce que les lauriers couronnent plutôt les gradés de la Navy. Cependant, ce poste, comme celui de mousse ou de garçon de cabine, a pu marquer le premier jalon d'une carrière à écumer les sept mers...

RADIUM GIRL

Compte à rebours

En 1898, les époux Curie découvrent le radium, un élément chimique extrêmement radioactif, dans leur laboratoire parisien. Saluée unanimement par la communauté scientifique, cette trouvaille appelle de grandes révolutions : dès 1901, on utilise le radium pour éliminer des cellules cancéreuses. La publicité le porte aussitôt aux nues, synonyme de « remède miracle ». On retrouve cette substance dans les crèmes de beauté, les fortifiants, les dentifrices, et jusqu'aux veilleuses de nuit et aux tablettes de chocolat… Les slogans, dithyrambiques, ne se lassent pas d'en vanter les mérites.

C'est aussi ses propriétés lumineuses qui attirent l'attention des industriels. En 1917, dans les ateliers de l'US Radium Corporation, plus de 4 000 ouvrières couvrent les montres destinées à l'armée d'une peinture au radium. Ainsi, les cadrans brillent dans le noir : pas de doute, les stocks vont s'écouler rapidement. Reste que la tâche des ouvrières requiert précision et méthode. Dès leur premier jour, les contremaîtres leur ont enseigné un petit refrain : « *lip, dip, paint* ». *Lip* : effiler la pointe de leur pinceau entre leurs lèvres. *Dip* : tremper le pinceau dans la peinture au radium. *Paint* : peindre le cadran. Puis on recommence.

Payées cinq centimes la pièce, les ouvrières produisent en moyenne 250 unités par jour. Et ingèrent, sans le savoir, des quantités affolantes de matières toxiques… Le soir venu, lorsque ces ouvrières rentrent tranquillement chez elles, on les surnomme « les revenantes » parce qu'elles sont enveloppées d'un halo phosphorescent agité de poussières radioactives. Peu s'en émeuvent ; le radium est la tendance dernier cri, et certaines travailleuses volent même quelques grammes de peinture pour s'en vernir les ongles. Puis ces lucioles vont faire la fête dans les nombreux bars du New Jersey.

Quelques mois passent, et des murmures commencent à gagner l'usine. Une fille a été hospitalisée. Puis une autre. Les dentistes s'alarment. La rumeur enfle, pleine de détails horribles : mâchoires nécrosées, anémies, cancers, stérilité, colonnes vertébrales grignotées par le poison. On ne sait pas alors que le radium, qui se fixe sur les os, les ronge jour après jour… En 1924, Amelia, une jeune ouvrière de 24 ans, est la première à y succomber. L'année suivante, une douzaine d'autres travailleuses décèdent et 50 encore tombent malades. Évidemment, les ouvrières commencent à poser des questions et à réclamer des dommages et intérêts : mais leur employeur feint l'indifférence. Dans l'ombre, la Radium Corporation arrose des professionnels de santé de pots-de-vin pour témoigner en leur faveur et attribuer les décès à d'autres causes. La syphilis, maladie honteuse car sexuellement transmissible, est souvent citée pour ternir la réputation de ces filles mortes-vivantes et les forcer au silence.

En 1928, la ténacité de quelques ouvrières – la plupart, fauchées par les maladies, n'ont pas le loisir de témoigner – finit par déboucher sur un procès. Les photographes peuvent saisir sur le vif l'image de ces femmes amoindries au point d'être incapables de prêter serment. Ces « Radium Girls » secouent l'opinion publique : si le procès se règle à l'amiable en 1928, son issue va profondément faire évoluer le droit du travail. Au cours des années 1930, les standards de sécurité des usines sont améliorés et la possibilité de réclamer réparation envers son employeur est entérinée dans les textes de loi. Sans le savoir, les « revenantes » préfigurent la création des services de santé et sécurité au travail... Une immense victoire sociale que, malheureusement, les cinq plaignantes n'auront pas le loisir de célébrer : toutes meurent peu après les faits. Elles s'appelaient Grace Fryer, Edna Hussman, Katherine Schaub, Quinta McDonald et Albina Larice.

FAUX-MONNAYEUR

Le second plus vieux métier du monde

Le faux-monnayage n'a pas attendu le règne des monnaies métalliques pour s'étendre. Lorsque les populations mésoaméricaines utilisaient des fèves de cacao pour payer leurs transactions, certains faussaires fourraient des enveloppes vides avec de la terre. Dans un sac qui en contenait généralement plusieurs milliers, qui irait vérifier ?

Même avant que les Aztèques ne roulent leurs contemporains dans la farine, en Occident, on avait perfectionné l'art du faux-monnayage. Les créséïdes, frappées en Lydie au VIe siècle av. J.-C., sont les premières monnaies métalliques connues. Ce sont aussi les premiers exemples de monnaies contrefaites. L'une des méthodes pionnières consiste, pour les faussaires, à « rogner » de véritables pièces en limant leurs bords. La pellicule d'or ou les copeaux d'argent obtenus pouvaient être refondus voire troqués à des commerçants peu scrupuleux... Une pratique qui, observée dès l'Antiquité, perdure jusqu'à l'époque moderne : sur une idée d'Isaac Newton, nommé maître des Monnaies Royales d'Angleterre en 1699, on gravera des signes reconnaissables sur la tranche des livres d'argent pour confondre les rogneurs !

Plus osé mais diablement plus efficace, les faussaires remplacent également l'or et l'argent qui servent à la confection des monnaies par des métaux moins nobles. Apparaissent donc des médailles « fourrées » (un cœur de cuivre ou de fer enveloppé dans deux tranches d'or) ou « saucées » (des pièces couvertes d'une enveloppe de métal précieux). Parfois, la technique requiert quelques ajustements : ajouter des symboles, graver le nom d'un souverain, travailler la silhouette ou l'épaisseur de la pièce. Elle exige donc une expertise assez rare, raison pour laquelle les « billonneurs » (le billon est une ancienne monnaie faite d'un alliage de cuivre et de métaux pauvres) ont parfois la complicité des forgerons, serruriers, alchimistes ou orfèvres… Et même celle des monnayeurs officiels qui continuent d'exercer pour leur compte une fois l'atelier clos ! Bien entendu, il faut savoir rester discret, car le risque d'être démasqué est grand. Plus les techniques des faussaires se sont sophistiquées, plus les banquiers sont devenus attentifs aux contrefaçons. Au Moyen Âge, une pièce grossièrement façonnée peut certainement tromper l'aubergiste du coin, mais pas le changeur qui, à l'aide de son trébuchet, pèse diligemment chaque écu… Sinon, il le frappe contre une surface dure afin de l'entendre sonner. Une oreille avertie sait faire la distinction entre une pièce d'or pur et une fourrée de mauvaise qualité ! C'est pour cette raison qu'on parle « d'espèces sonnantes et trébuchantes » pour désigner ces sommes qui passaient avec succès le contrôle-qualité des commerçants.

Et pour les individus dont la fraude était avérée ? La justice médiévale est impitoyable. À partir du XIIIe siècle en Europe, le faux-monnayage, assimilé au crime de lèse-majesté car il saborde l'autorité du souverain, est puni de la peine capitale. La loi anglaise condamne les trafiquants à avoir la main coupée, cette dernière étant ensuite clouée à la porte de l'atelier du monnayeur pour dissuader ses complices, puis à la pendaison. De l'autre côté de la Manche, les faux-monnayeurs sont bouillis, à petit feu, en place publique. Preuve d'une condamnation unanime, la justice s'acharne parfois sur ces criminels, en vertu des différentes juridictions qui se superposent dans les temps féodaux : ainsi deux faux-monnayeurs condamnés au début du XIIIe siècle sont-ils pendus une première fois sous décision du roi Philippe Auguste, puis une deuxième fois à la demande de l'abbé de Saint-Germain-des-Prés. Leurs squelettes sont même exhumés quelque temps plus tard pour subir une troisième pendaison ! Partout en Occident, des faux-monnayeurs sont pendus, emprisonnés, mutilés, et leurs biens comme leurs ateliers clandestins sont saisis.

On pourrait penser que la répression sévère des autorités aurait mis fin à la pratique, mais la tentation est décidément trop grande… Même après l'Ancien Régime, puisque les pièces d'or circulent encore, les faux-monnayeurs maquillent des disques de platine en deniers ou en francs tout au long des XVIIIe et XIXe siècles. Au même moment, les contrefaçons posent de sérieux problèmes aux autorités américaines dans la foulée de la guerre de Sécession : en 1865, un tiers de la monnaie en circulation est fausse ! En l'absence d'un organe central d'émission monétaire, ce sont les banques individuelles qui ont la responsabilité de la diffuser : plus de 5 000 billets de banque différents circulent à cette époque. C'est pour combattre la falsification monétaire que le département américain du Trésor crée les Services Secrets, bureau qui a depuis élargi sa palette de missions à la protection rapprochée des chefs d'État ou à la lutte contre la cybercriminalité.

Étonnamment, le faux-monnayage n'a pas été exclusivement pratiqué par des réseaux criminels. Gouvernements et nations s'y sont mouillé afin de doper l'économie domestique, d'effacer leur ardoise de milliards de dettes, voire de saboter l'économie de leurs rivaux. Au XVIIIe siècle, alors que les jeunes États-Unis tentent d'arracher leur indépendance, les Britanniques inondent les colonies de Nouvelle-Angleterre de billets continentaux afin d'enclencher la spirale néfaste de l'inflation. Quelques années plus tard, Napoléon émettra de faux roubles au cours des guerres incessantes avec l'Empire russe... Enfin, dans les années 1940, les autorités du Troisième Reich forceront des détenus du camp de Sachsenhausen à fabriquer de la monnaie américaine ou anglaise afin de déstabiliser l'économie alliée.

Mais ces contrefaçons allaient s'avérer de plus en plus délicates à confectionner. Dans la seconde moitié du XXe siècle, la production de papier-monnaie est garantie par de nouveaux procédés technologiques : numéros de série, hologrammes, lecture lumineuse, encres spéciales, microlettres, motifs en relief... Des avancées qui sortent définitivement le métier de faux-monnayeur des plans de carrière des petits malfaiteurs. La pratique est désormais convoitée par de grands réseaux criminels qui baignent également dans le trafic de stupéfiants ou le terrorisme. Mais la dématérialisation monétaire, et notamment l'emballement récent autour des cryptomonnaies, pourrait bien prolonger son avenir.

ENFANT PERDU

En première ligne

« On en était venu à ce point de mépris pour la vie des hommes et pour la France d'appeler les conscrits la matière première et la chair à canon. » La description peu flatteuse de Chateaubriand révèle une stratégie militaire qui, du XVIe au XIXe siècle, va décider l'issue de bien des combats ; déployer une division légère sur le front pour essuyer les balles et s'empaler sur les lances ennemies. L'art de la guerre se perfectionnant, la bataille devient un simple calcul coûts-avantages, une partie d'échecs. Ce bataillon qu'on envoie à l'abattoir, c'est celui des enfants perdus.

Qui sont-ils ? Avant d'être des soldats réguliers, ce sont au XVe siècle des mercenaires qui forment les premières lignes des armées des Habsbourg. D'origine teutonne, ces « troupes perdues » (du hollandais *Verlorene Hoop*) se défendent vaillamment à l'arquebuse ou à l'épée à deux mains pour ouvrir le ventre des armées ennemies. On les retrouve notamment à la solde de François Ier à Marignan (1515) et à Pavie (1525). Lors d'un siège, c'est aussi la vague qu'on envoie à l'assaut d'une brèche ; essuyant la première salve du feu ennemi, ils sont bien peu à s'en relever. Le début du XVIe coïncide en effet avec l'introduction du mousquet, qui se charge par la gueule, goinfré d'une poignée de poudre noire.

Qu'ont-ils à y gagner ? D'abord une double solde : c'est pourquoi on les surnomme aussi *Doppelsöldner*. Mais également des perspectives d'avancement qui siéent aux jeunes capitaines ambitieux. D'autres, enfin, rejoignent les enfants perdus bien malgré eux, enrôlés par l'entremise de la boisson ou de femmes peu farouches au service des recruteurs... Ces risque-tout se distinguent néanmoins par leur courage : composée de « chevaliers pillards et incendiaires », une escouade du maréchal Charles Ier de Brissac fait parler d'elle vers 1540. On lui prête de nombreuses bravades : « Elle formait [...] une légion de soldats intrépides et d'enfants perdus, toujours prêts à franchir les palissades, à sauter les premiers dans un retranchement, à sonder les fossés, les gués ou les marais, à éventer une mine, à enlever une batterie, se jouant des dangers et de la mort, et sacrifiant tout au courage. » Des bataillons audacieux, mais souvent sacrifiés : l'expression anglaise *forlorn hope*, calquée sur *Verlorene Hoop*, désigne « une entreprise offrant peu de chances de succès ». La sémantique en dit parfois bien plus sur l'histoire que tous les manuels militaires...

CHAPELIER

La tête ailleurs

Troubles de l'élocution, tremblements, hallucinations, anxiété : aux XVIIIe et XIXe siècles, les fabricants de chapeaux affichent des symptômes inquiétants, à tel point que l'expression « fou comme un chapelier » (*mad as a hatter*) entre dans la langue de Shakespeare. La raison ? Pour raffermir le feutre qui vient garnir leurs chapeaux, les fabricants utilisent une lotion à base de mercure, appliquée sur les peaux de lapin, de lièvre ou de castor. Découverte par les huguenots français au XVIIe siècle, la recette est exportée outre-Manche après la révocation de l'Édit de Nantes, qui les a poussés à l'exil. Dans des ateliers étroits et bas de plafond, ces vapeurs provoquent des dommages irréversibles, allant de la perte de mémoire à la démence profonde. Par une drôle d'ironie sémantique, le chapelier a perdu la tête ! Lorsque Lewis Carroll publie *Alice au Pays des Merveilles*, en 1865, il introduit le personnage du Chapelier Fou – signe que le fléau est courant à l'époque.

GLADIATEUR

Longue vie à l'arène

« Je te préviens : celui qui perd, celui-là meurt. »

Cette inscription, saisie sur la tombe d'un gladiateur de Vérone, résonne encore des tumultes de l'arène. Divertissement sanglant, symbole de la toute-puissance de Rome, de ses mœurs impitoyables aussi, la gladiature est née de la politique du « pain et des gladiateurs » instaurée pour satisfaire la plèbe romaine. Au IIe siècle av. J.-C., il s'agit encore d'un rituel funéraire : lors des obsèques d'une sommité, ses héritiers font s'entretuer des esclaves sur son tombeau… On pense alors que cette offrande honore le défunt. Mais bientôt le spectacle s'affranchit du rituel, et les affrontements guerriers gagnent l'arène en même temps que le cœur de centaines de milliers de supporters. De quoi susciter des vocations ?

Contre toute attente, les gladiateurs ne sont pas tous des prisonniers de guerre ou des esclaves livrés à une mort spectaculaire. Environ un tiers d'entre eux sont des hommes libres. Pourquoi alors choisir une carrière presque toujours synonyme de trépas ? Tout simplement parce que la profession est un tremplin privilégié vers la gloire, la richesse et... les conquêtes amoureuses. Un historien latin nous raconte que Faustine, l'épouse de Marc-Aurèle, s'était éprise d'un *gladiator*. L'empereur consulte donc des astrologues chaldéens : « Ils répondirent qu'il fallait mettre à mort le gladiateur, que de son sang Faustine devait se laver les parties sexuelles, et coucher en cet état avec son époux. » Selon la légende, neuf mois plus tard naissait Commode, futur empereur particulièrement cruel, d'ailleurs mordu de gladiature...

En guise de revenus, les gladiateurs de renom peuvent briguer un joli cachet. Si l'on compte 2 000 sesterces par combat pour les débutants, l'empereur Tibère va jusqu'à en distribuer 100 000 à des « stars » de la gladiature ! La cote des lutteurs augmente au fil des combats, au même rythme que leur cote de popularité. Et le marketing s'active déjà : on voit de jeunes Romains s'amuser avec des figurines en terre cuite représentant d'authentiques gladiateurs, les fresques des villas immortaliser leurs exploits, et les graffiti de Pompéi encenser un fabuleux mirmillon, « délice de toutes les femmes ».

Avant cela, il faut passer par une formation de haut niveau. Et travailler dur. La routine du gladiateur, c'est le *ludus* – la caserne où il fréquente ses homologues, s'entraîne, mange, dort et reçoit de la visite. On n'y arrive pas par hasard : pour éviter que des gladiateurs soient recrutés parmi la plèbe et corrompus par un pichet de vin, l'individu qui choisit cette carrière doit stipuler son engagement par écrit. Il se résout par contrat à être « enchaîné, fouetté, à périr par le fer » pour une durée fixée librement. Une fois le contrat signé, il se retrouve à la merci de son maître, et seules la mort ou la fin de son contrat le libèrent de ses engagements. La première issue étant la plus probable.

Tel un athlète de haut niveau, le gladiateur affûte son corps et suit un régime spécifique, généralement protéiné, à base de légumes, de fèves et d'orge. Il choisit également la panoplie d'armes et le style de combat qu'il adoptera. On en observe différents types sur le pourtour méditerranéen : le Samnite, lourdement caparaçonné mais peu mobile ; le Gaulois, vif et léger ; le rétiaire, qui se bat torse nu avec un trident et un filet ; le Thrace, équipé de jambières, d'une dague et d'un bouclier carré ; l'andébate, fortement armé mais aveuglé par son casque… Et que dire du décor : des arènes surchauffées, grosses de 150 000 à plus de 300 000 spectateurs, résonnant de cuivres et de cris abscons. L'atmosphère y est irrespirable : l'odeur sèche du sable se mêle à celles de la sueur et du sang, et les organisateurs de combats doivent vaporiser des essences très capiteuses pour en camoufler les relents… Enfin, l'hystérie atteint son paroxysme lorsqu'un combattant met genou à terre. Aussitôt l'audience s'époumone, hurlant : « *Jugula, jugula !* » (« Égorge, égorge ! »).

Les guerriers sont formés pour livrer un beau spectacle, riche en rebondissements, et, à la fin de la représentation, le sang doit couler. Les spectateurs sont venus pour cela. « Nous haïssons les gladiateurs faibles et suppliants qui nous adjurent, mains tendues, de leur laisser la vie sauve », grince Cicéron. Même l'arbitre est dans le coup : avant le combat, il s'est assuré que les armes étaient suffisamment affûtées pour assister à un match de qualité. En outre, les armures des gladiateurs sont conçues pour mettre les parties vulnérables – organes vitaux, cou, cuisses – à la merci du glaive de l'adversaire. Dès lors, une seule issue possible : soit la victoire, soit la *porta libitina* – l'ouverture par laquelle on tire, du bout d'un crochet, les guerriers morts dans l'arène avant de les dépouiller de leurs effets personnels.

Pour ordonner la mort, l'empereur ou le haut dignitaire présent s'en remet généralement au public. Rien ne dit que le geste du « pouce vers le bas » soit le plus répandu pour réclamer la mise à mort. D'autres signes existent. Dans ses *Épigrammes*, Martial raconte comment un notable romain choisit de donner le signal de la mort en tirant son mouchoir ; mais, étant sévèrement enrhumé le matin du combat, « un jour que la bise humide de décembre soufflait avec fureur, ses collègues lui retinrent les mains : en un mot, le misérable ne put pas se moucher ». L'on craignait que le malheureux ne condamne l'ensemble des combattants à cause d'un coup de froid !

La mort fait donc partie du métier. C'en est même l'issue la plus répandue, comme en témoignent nombre d'épitaphes glorieuses de gladiateurs fauchés dans la fleur de l'âge. Et tout porte à croire que les hommes qui ont embrassé cette vocation y prenaient un certain plaisir. « Oui, écrit Sénèque, le grand homme parfois aime l'adversité, comme le brave soldat aime la guerre. J'ai vu, sous Caligula, Triumphus le mirmillon se plaindre de la rareté des jeux : "Les belles années perdues !" s'écriait-il. »

D'autant que la fin de carrière d'un gladiateur est rarement réjouissante. Il a miraculeusement survécu à une profession mortifère, certes. Que faire désormais ? Enseigner les rudiments de la gladiature à son tour, au sein du *ludus* ? Rejoindre les cohortes de gardes du corps qui entourent les empereurs, comme Caligula, trop inquiet de voir la garde prétorienne tremper dans les complots régicides ? Devenir l'assassin personnel d'un sénateur ou d'une impératrice ? Rares sont les occasions de trouver un emploi, car le gladiateur traîne toute sa vie la marque infamante de son ancienne occupation. Et ce, quel que soit le succès rencontré ou le nombre de victimes épinglées à son tableau de chasse. C'est un sort injuste : autrefois acclamé, voire adulé, le gladiateur a perdu son rang d'homme libre en faisant carrière. Il est désormais méprisé par la plèbe. « Les gladiateurs sont des êtres affreux, sales et dégoûtants », renchérit Épictète. C'est pourquoi ils sont nombreux à revêtir une nouvelle identité, adoptant des patronymes triomphants comme Achille et Hercule dans l'enceinte du *ludus* avant de revenir à l'anonymat de la vie civile.

Il faut attendre le sursaut moral du christianisme pour voir la pratique des combats organisés passer de mode. Le Carthaginois Tertullien, fraîchement converti, s'indigne à la fin du IIe siècle que « les innocents se complaisent au supplice d'autrui ». En 438, l'empereur Valentinien III fait interdire la gladiature.

MOONSHINER

Alcoolique anonyme

La nuit est tombée sur les Appalaches, chaîne de montagnes osseuse qui borde la côte orientale des États-Unis. À l'horizon, tout est calme. Les chœurs nocturnes de grenouilles et les hurlements des coyotes sont les seuls bruits à frémir sur les hauteurs. Tout le monde dort.

Tout le monde, ou presque.

Dans une ferme isolée, vaguement repérable à la volute de fumée qui la couronne, c'est le branle-bas de combat. Le souffle saccadé d'un homme qui porte des sacs de céréales, le tintement des bouteilles interdites, le crépitement du feu qui excite les alambics rythment l'activité nocturne des *moonshiners*, des bouilleurs de cru clandestins. Bientôt, l'odeur épaisse de l'alcool envahit la pièce. À mesure que les sacs de céréales diminuent, éventrés au canif, les stocks de « moonshine » (qui porte sans doute ce nom parce qu'il est produit avec la complicité de la nuit) dénaturé augmentent : dans quelque temps, on pourra les revendre à prix fort à Boston ou à New York, métropoles asséchées par la Prohibition.

Entre 1920 et 1933, la commercialisation d'alcool est illégale sur le territoire américain. Treize années « sèches » durant lesquelles la production, le transport et la vente d'alcool sont rigoureusement interdites. Comme souvent lors des expériences prohibitionnistes, c'est le crime organisé qui en profite. Dans l'ombre, les petites mains criminelles s'agitent pour continuer à remplir le verre de l'Oncle Sam. Des contrebandiers importent whisky de seigle canadien, rhum cubain et tequila mexicaine sur les comptoirs américains. Et si l'on ne peut pas mettre la main sur une bouteille étrangère, il faut se fier à la production domestique.

Le « moonshine », alcool de contrebande, inonde alors les bars clandestins. Les buveurs invétérés savent où trouver ces débits de boissons, maquillés par la devanture d'un fleuriste ou d'un magasin de sodas, qu'on appelle à l'époque « speakeasies ». Ces saloons sont le visage caché des années 1920, où l'on écluse des alcools frelatés sur des airs endiablés de jazz, dans la fumée vanillée des cigares d'importation cubaine. Même si les bars ont officiellement mis la clé sous la porte, les speakeasies font mieux que les remplacer : rien qu'à New York, ils représentent le double du nombre de tavernes enregistrées avant 1920 !

Pour les moonshiners, qui opèrent souvent sous la coupe du crime organisé, la Prohibition est une manne financière inespérée. L'industrie illégale prospère. Produit aux quatre coins du pays, notamment dans les grands États céréaliers du Midwest ou des Appalaches, le « moonshine » n'est pas toujours de qualité exemplaire : liqueur de patate, de cactus, de maïs ont davantage un goût de détergent industriel que d'eau-de-vie raffinée… Il paraît qu'on laisse mariner des rats crevés dans les stocks de méthanol pour leur donner un vague arôme de bourbon ! Mais les buveurs américains s'en contentent, faute de mieux. Quelle alternative ont-ils ? Au tout début de la Prohibition, le gouvernement a obligé les producteurs d'éthanol à verser leurs stocks au tout-à-l'égout ou à empoisonner leurs barils avec des substances toxiques, comme l'huile de ricin ou l'acétone. Dans ce contexte, le moonshine est l'une des rares oasis américaines dans ce désert de sobriété obligatoire. C'est l'occasion pour les petits fermiers d'augmenter leurs profits : converti en whisky, le maïs voit sa valeur à poids égal multipliée par dix. Dans les Appalaches, des convois clandestins descendent l'alcool dans des voitures molletonnées jusqu'aux trafiquants chargés de la logistique : mis au chômage par la fin de la Prohibition, les chauffeurs se consoleront en créant la course automobile NASCAR, l'une des plus populaires au monde.

Même les fournisseurs de boissons non alcoolisées se frottent les mains. Les producteurs de jus de raisin savent qu'en laissant leurs fruits fermenter, ils obtiendront une marchandise bien plus convoitée. Les distributeurs se chargent donc d'avertir les consommateurs de « ne surtout pas mélanger le jus de raisin avec de l'eau et le laisser au frais pendant 20 jours », faute de quoi la boisson se transformerait en vin ! Les instructions sont claires, et le clin d'œil bien compris : la production de raisin californien est décuplée entre 1920 et 1933.

Avec ces alcools de très mauvaise qualité venus inonder le marché, ce sont les buveurs qui trinquent. Les hôpitaux constatent une explosion des cas de cirrhoses, de paralysies ou de délires hallucinatoires. Pire, sur la période, on estime qu'au moins 10 000 Américains sont décédés des suites de la consommation d'alcool frelaté. Plus encore sont devenus aveugles. En décembre 1933, après treize ans de sécheresse et d'ivrognerie clandestine, la Prohibition est levée. En dépit de son bien-fondé moral, « la noble expérience » aura surtout été contre-productive : au lieu de saper l'alcoolisation des Américains, elle n'a fait que multiplier les dépendances, nuisant gravement à la santé des buveurs (et des buveuses, dont les effectifs explosent durant l'interdiction). La Prohibition a également ouvert l'âge d'or du crime organisé. Le nombre d'homicides enregistrés sur le territoire américain a doublé sur la période, marquée par les règlements de comptes et la corruption de certains policiers et des agents gouvernementaux.

Mais c'est peut-être l'économie américaine qui a le plus mal à la tête. En refusant de taxer un commerce si lucratif, le gouvernement enregistre un manque à gagner qui se chiffre à 11 milliards de dollars. Un argent liquide qui dort désormais dans les poches des bouilleurs de cru...

VIVANDIÈRE

Feu nourri

L'Armée roulante de Napoléon – c'est ainsi qu'on appelle le branle-bas gigantesque qui accompagne les régiments – est loin de ressembler à une parade militaire. Des fantassins qui dilapident leur solde dans des jeux d'argent, des filles aux mœurs légères, des blanchisseuses occupées à rapiécer les vêtements... Le tableau est fort éloigné des peintures triomphales de Jacques-Louis David. Fendant cette foule hétéroclite, on distingue nettement les vivandières : des femmes, en civil de surcroît, toutes encombrées de tissus, de tonneaux d'alcool et de conserves en tout genre. Si des « vivandiers » (dont l'étymologie est dérivée de « vivres ») sont attestés dès Louis XI, suivant les corps de troupes avec des paniers garnis de nourriture, c'est sous le Premier Empire que leurs homologues féminins pointent régulièrement dans les corps d'armée. Accompagnant leurs maris convoqués sous les drapeaux, ces cantinières font contre mauvaise fortune bonnes affaires, et troquent aux soldats des vivres, de l'eau-de-vie, des lacets, du tabac, des vêtements... De quoi rendre le quotidien des grognards un peu plus supportable. Et compléter des rations bien maigres.

On pourrait croire que ces marchandes, qui ne sont ici que tolérées – elles ne touchent aucune solde, seulement le profit de leur commerce –, se tiennent bien éloignées de la ligne de front. Il n'en est rien. Même lorsque les balles sifflent, on les aperçoit soigner les blessés ou réconforter les mourants avec quelques gorgées de tord-boyaux. Certaines encore, pourtant désarmées, montent au front et s'y distinguent par leur bravoure. « Marie Dauranne, une des vivandières les plus connues de l'armée, pour sa générosité et son courage, se tenait debout, sur la crête de la levée, sans souci des balles autrichiennes qui partaient de l'autre rive ; et, calme comme si elle se fût trouvée derrière le comptoir de sa cantine, elle versait la liqueur qui réchauffe à ses frères d'armes. » La même Marie Dauranne saute quelques instants plus tard à l'eau pour sauver un soldat de la noyade !

Les soldats adoptent rapidement ces figures maternelles, bourrues et réconfortantes, qui raccommodent les uniformes déchirés comme les esprits défaitistes. L'état-major s'en réjouit : cela limite les désertions et améliore la vie du camp. Mais la tolérance ne dure qu'un temps. Aperçues encore durant les campagnes en Crimée, en Italie ou au Mexique, les cantinières sont chassées de l'armée française dans les années 1870. On les accuse de contribuer à l'ivrognerie des soldats, voire de corrompre leur moralité. C'est faire abstraction de leur sens du sacrifice. Parce qu'elles assistent les blessés ou se retrouvent piégées dans le feu de l'action, des centaines de vivandières sont fauchées par la mitraille. Marie « Tête-de-Bois », qui accompagne la Grande Armée durant 17 campagnes militaires, reçoit une balle à Waterloo, en 1815. Le même sort avait eu raison, l'année précédente, de son mari et de son fils. Tombée à terre, elle respire péniblement, le visage ensanglanté. À côté d'elle, un grenadier agonisant lui souffle : « Marie, vous n'êtes pas belle comme ça ». Et elle de répondre : « C'est possible, mais je peux me vanter d'être fille, femme, mère et veuve de troupier. » Progressivement éloignées du champ de bataille, les vivandières disparaissent pour de bon à l'aube de la Première Guerre mondiale, remplacées par des hommes en uniforme.

TRAQUEUR D'ESCLAVES

Délit de fuite

Rangés comme des marchandises en fond de cale, sous des poutres suintantes d'humidité, des centaines d'esclaves ruminent leurs malheurs. Qu'attendent-ils ? L'arrivée au port, peut-être. L'occasion de se dégourdir les jambes, d'apercevoir le soleil. Certains récitent des prières dans une langue que les Européens n'ont jamais entendue. Les marins ont-ils quelque remords à les débarquer sans ménagement, comme ils le font avec les cargaisons de rhum ou les étoffes précieuses ?

Entre le XVe et le XIXe siècle, le commerce des esclaves inonde les colonies de main-d'œuvre gratuite. Treize millions d'entre eux sont déportés : d'abord au Brésil portugais, où ils meurent par centaines dans le ventre des mines de diamant, puis dans les îles sucrières des Caraïbes et le Sud des États-Unis. On les vend, on les troque, on les négocie comme autant de denrées marchandes. Promulgué par Louis XIV, le « Code noir » entérine leur déshumanisation : « Déclarons les esclaves être meubles et comme tels entrer dans la communauté, n'avoir point de suite par hypothèque [...], se partager également entre les cohéritiers. » À ce titre, il est naturel que les esclaves en fuite soient considérés comme une propriété volée. Mais ces derniers risquent gros : repris, ils sont passibles de la verge et de la fleur de lys imprimée au fer rouge sur la peau. Certains doivent recourir à la ruse pour fuir les plantations où ils sont captifs, à l'instar d'Henry Brown, un esclave de Virginie qui s'enferme dans une caisse en bois et s'expédie par la poste le 29 mars 1849…

C'est ici qu'interviennent les traqueurs d'esclaves. Leur but : capturer ou punir les esclaves en fuite. Observée dans les colonies portugaises et françaises, la « chasse aux marrons » (on appelle « marronnage » la fuite d'un esclave, et « marron » le fugitif qui s'en rend coupable) ne fait pas l'objet d'une législation attentive et relève plutôt de l'initiative individuelle. En revanche, au début du XVIIe siècle, dans les États de Caroline ou de Virginie, les premières « patrouilles aux esclaves » se forment. Prêtant serment, des Blancs prennent les armes afin d'assurer la sécurité des plantations. Les patrouilles incorporent des effectifs plutôt jeunes, âgés en moyenne de 18 à 40 ans, souvent de petits propriétaires terriens issus de la classe moyenne. Comme les membres d'un jury, ils sont sélectionnés sur les registres d'impôts, et les femmes sont parfois – quoique rarement – appelées à servir. Quel est leur rôle ? Montés à cheval et armés, les patrouilleurs châtient les esclaves désobéissants ou dépourvus du laissez-passer émis par leur maître. « Comme des policiers, mais en pire » avertit un fugitif, témoin des passages à tabac dont les miliciens se rendent coupables. À noter que, localement, les patrouilles donneront parfois naissance à des formes avant-gardistes de police, qui ne sera institutionnalisée aux États-Unis qu'au milieu du XIXe siècle.

Pendant ce temps, plus au nord, l'opinion publique évolue. On a aboli l'esclavage au Canada en 1834. Dans l'Illinois, un certain Abraham Lincoln fonde son programme politique sur l'affranchissement des peuples noirs. Bref, l'abolitionnisme gagne du terrain : un espoir pour les fugitifs sur les routes de l'exil. Réalisant le manque à gagner si leur main-d'œuvre venait à diminuer, les planteurs de coton étendent alors le système des milices aux autres colonies. Les journaux sudistes regorgent de petites annonces décrivant le portrait-robot des déserteurs : des chasseurs de primes les épluchent scrupuleusement. S'ils peuvent espérer une coquette somme pour leur retour, ils font face à l'hostilité des citoyens nordistes, qui dérobent les fugitifs à la vue de leurs poursuivants, les nourrissent et les cachent.

Finalement, en 1861, la plaie est ouverte : c'est le début de la guerre de Sécession. Deux ans plus tard, l'esclavage est aboli. Et même si cette mesure met les traqueurs d'esclaves au chômage, leur combat se poursuit sous les robes du Ku Klux Klan qui reprend les techniques des patrouilleurs à son compte : terreur, violence, surveillance de masse et lynchages nocturnes… Ancien terrain de chasse des traqueurs d'esclaves, le Sud des États-Unis se déchire aujourd'hui encore dans les conflits raciaux et les haines suprémacistes.

SIXIÈME PARTIE

Heures supplémentaires

BOUFFON

Du rire aux larmes

Parce qu'il avait offensé une dame de la cour après une mauvaise plaisanterie, Triboulet, le bouffon du roi François Ier, fut condamné à mort. Grand seigneur, le monarque lui accorda le choix du châtiment. « Bon sire, par sainte Nitouche et saint Pansard, patrons de la folie, je demande à mourir de vieillesse », répliqua Triboulet. Amusé par sa vivacité d'esprit, François Ier l'épargna.

Bouffons, fous et autres « grimaciers » divertissent les cours européennes à partir du Moyen Âge. Ces amuseurs chantent des airs paillards, pratiquent des acrobaties et surtout fusillent les courtisans – voire le roi – de plaisanteries corrosives… Triboulet s'adresse à son maître en l'appelant « mon cousin », ultime pied de nez aux convenances ! Magnanime, le pouvoir se complaît dans cette inversion des rôles où le fou se permet toutes les impertinences. Le bouffon, avec sa couronne de grelots et sa marotte en guise de sceptre, joue les doubles idiots des puissants. On en rit de bon cœur. Qui aime bien charrie bien.

Dans la facétie et la gaudriole, chacun trouve une spécialité à son goût. Taillefer, bouffon de Guillaume le Conquérant, jongle avec ses armes avant la bataille d'Hastings, en 1066 (selon la légende, ce sera la première victime du combat, les Anglais agacés ayant fondu sur lui). Au XIIe siècle, Roland, dit le Petour, exerce à la cour d'Angleterre ses talents de pétomane. Sous Louis XIII, un persifleur surnommé l'Angély rapporte les potins et les indiscrétions – à tel point que les courtisans monnayent son silence en le couvrant d'or… C'est le privilège du « fou en titre d'office » : insensible aux faux-semblants qui gangrènent les sommets de l'État, il peut se permettre de dire la vérité, si dangereuse soit-elle.

Proches du trône, il n'est pas rare de voir certains bouffons s'enivrer du pouvoir et se mêler de politique. Chicot, qui alternait pitreries et conseils avisés, aurait ainsi contribué à la conversion du roi Henri IV au catholicisme. « Monsieur mon ami, lui dit-il, je vois bien que tout ce que tu feras ne te servira de rien si tu ne te fais pas catholique. Il faut que tu ailles à Rome […] : tu prendras un beau clystère d'eau bénite, pour achever de laver tout le reste de tes péchés. » Les conseils comme les mauvaises nouvelles sont mieux avalés sous couvert de farces… En 1340, après la déroute de l'Écluse – l'un des premiers déboires français de la guerre de Cent Ans –, les ministres tergiversent. Ils redoutent d'annoncer au roi Philippe de Valois la déculottée formidable que la flotte française a essuyée. Son bouffon prend alors la parole : « Oh, les couards d'Anglais, les couards d'Anglais, peste-t-il. Ils ne se sont pas jetés à l'eau comme nos braves Français ! »

Véritable passe-droit, l'insolence des amuseurs leur attire néanmoins les foudres des puissants. Au XVe siècle, au terme d'une énième excentricité, le bouffon italien Gonnella a la tête sur le billot. Son maître a ordonné, pour lui donner une bonne leçon, une fausse condamnation à mort. Mais bien que le bourreau n'ait pas l'intention d'abattre sa hache, il se retrouve avec un cadavre sur les bras : le pauvre Gonnella est mort de peur sur l'échafaud... À la cour de Charles Quint, le bouffon Don Francesillo de Zúñiga subit un sort similaire. Fusillant les courtisans de plaisanteries au vitriol, il finit par être chassé du palais. Sur ordre de deux nobles qu'il avait froissés, il est poignardé en 1532 dans les rues de Béjar. Mortellement blessé, Don Francesillo a tout juste le temps de rentrer chez lui pour y retrouver sa femme qui, affolée, lui demande ce qui lui est arrivé. « Rien, madame, si ce n'est qu'on a tué votre mari », répondil avant d'expirer.

Passée la Renaissance, le bouffon est chassé des salles du trône. Louis XIV ne s'encombre pas de ce valet bariolé et mesquin : l'absolutisme ne tolère pas l'irrévérence ! Réfugiés dans la vie civile, les amuseurs continuent de moquer la raison d'État. Immortalisée dans le jeu de tarot, la figure du bouffon deviendra, outre-Atlantique, le Joker – carte maîtresse qui continue de côtoyer les valets, les dames... et les rois.

CALCULATEUR

Bête de sommes

Avant d'être exécutée par une armée d'employés en chemisettes, la comptabilité était la prérogative d'administrateurs diligents. Apparue en Mésopotamie autour du IVᵉ millénaire avant notre ère, elle voit le jour lorsque les rendements agricoles deviennent trop importants pour ne pas les quantifier. Dépenses, stocks, transactions sont consignés sur des tablettes d'argile ou à l'aide de jetons (le mot *calculus* désigne d'abord le caillou utilisé dans les opérations du boulier ou de l'abaque, machines à calculer antiques) afin d'en garder la trace. Ces systèmes pionniers allaient permettre le développement d'une économie centralisée et bureaucratique, qui atteindra son apogée sous l'Empire romain : dans ses registres tenus méticuleusement, on peut trouver aussi bien les coûts de l'organisation des jeux de gladiateurs, les sommes versées aux vétérans, les dépenses d'infrastructures liées à l'entretien des routes ou les recettes fiscales.

Évidemment, pour tenir les comptes, il faut compter sur un personnel administratif performant. Les premiers « calculateurs » ne sont pas des machines : ce sont principalement des scribes qui recensent les échanges ou les productions agricoles à l'aide de jetons d'argile, de bâtons, de tablettes ou de galets. Ce n'est pas une profession à part entière, mais une fonction intégrée à beaucoup d'autres tâches administratives, notamment la gestion fiscale et la mémoire des archives. Cependant, la complexification des opérations numériques, liées au triomphe des sciences dures comme l'astronomie et les mathématiques aux XVIIe et XVIIIe siècles, contraint des individus de chair et d'os à se consacrer exclusivement à la discipline, qui s'exécute par écrit… et à la sueur du front.

Soucieux de garder la tête dans les étoiles, les astronomes de la Renaissance emploient des calculateurs comme assistants. Leurs disciples étudient les trajectoires, décalquent les orbites et prédisent les mouvements des planètes, et leur maître peut en vérifier la précision dans la lentille de sa lunette astronomique. Cela commence avec Edmond Halley, chasseur de comètes de la fin du XVIIe siècle. Cet astronome observe à plusieurs reprises la comète qui portera son nom. Théoriquement, il devrait être possible d'anticiper par le calcul ses différents points de rendez-vous avec la Terre. Mais devant l'ampleur de la tâche, Halley renonce. Il faudra le zèle d'une poignée de mathématiciens français, en 1757, pour anticiper sa périhélie (point le plus près du Soleil) autour du printemps 1759. Leurs calculs manquent la fenêtre de tir prévue à deux jours près. Bien sûr, pour nous qui avons l'heure calculée au millième de seconde et des prévisions météo sur 14 jours, cela ne semble pas très impressionnant ; mais à l'époque, c'est une prouesse de génie arithmétique qui a coûté force migraines aux calculateurs. « À cause de ce dur labeur, j'ai contracté une maladie qui devra m'accompagner pour le reste de ma vie », grince Jérôme de Lalande, l'un de ces exténués. La frustration de ces bêtes de sommes est compréhensible : il faut sans cesse revenir en arrière, compter, recompter, et la moindre erreur dans l'enchaînement des opérations cause des écarts considérables au bout du compte.

C'est pour dépasser ces ingratitudes que Charles Babbage, mathématicien anglais qui dénonce « le labeur intolérable et la monotonie épuisante de la répétition continue d'opérations arithmétiques », jette les bases du premier ordinateur au milieu du XIXe siècle.

C'est le début de l'âge d'or des calculateurs humains. Ayant à traiter d'immenses banques de données, leurs employeurs sont principalement des observatoires, des comités de recherche, des amirautés, des services météorologiques, des états-majors ou des administrations. Tous recrutent en masse ces soldats du nombre. Qui sont-ils ? Principalement des jeunes hommes à la fibre analytique. Pour la première fois, quelques femmes sont accueillies au sein des effectifs. Il s'agit d'un travail de l'ombre, extrêmement rébarbatif, et employer des femmes permet de tirer les salaires vers le bas. Contre toute attente, le rôle des calculateurs est rendu encore plus primordial par le contexte géopolitique. Au début du XXe siècle, la guerre aussi est une affaire de calculs. Les calculatrices de l'armée (car les hommes sont pour la plupart envoyés au front) doivent établir les tables de navigation, anticiper des trajectoires d'artillerie, dessiner des cartes militaires. Toutes les opérations sont découpées en tâches successives et calculées à la main, intégrant des fonctions aussi complexes que des exponentielles et des logarithmes.

Après-guerre, ces mêmes calculatrices intègrent de nouveaux laboratoires militaires, comme celui de Los Alamos, au Nouveau-Mexique, attelé au perfectionnement de la bombe atomique, ou rejoignent les effectifs de la NASA. C'est au service de l'aérospatiale qu'elles côtoient les premiers ordinateurs électroniques et participent, dans l'ombre, au triomphe des missions Apollo. Mais le compte à rebours est déjà enclenché : le calcul humain est rendu obsolète par l'irruption des superordinateurs numériques dans les années 1950. Qualifiant d'abord un être humain, le terme *computer* (de l'anglais *compute*, « calculer ») finit par désigner une machine... Au cours des années 1970, les premiers modèles de calculatrices de poche font leur apparition aux États-Unis. Leurs homonymes humains se sont depuis reconvertis, non sans peine, dans le codage et la programmation.

ABOYEUR

Un travail de chien

Ce métier est réduit à son seul moyen d'expression : le cri. Au XVIIIe siècle, dans les foires, sur le seuil des salons, à l'entrée des salles de spectacle, l'aboyeur hèle les badauds de sa voix puissante. L'un, vendeur de journaux, hurle les gros titres. L'autre annonce solennellement les invités à l'entrée des salons. Un autre encore avertit les cochers que leurs maîtres quittent le théâtre. Le succès d'une pièce leur doit beaucoup : si la harangue est bonne, alors le spectacle devrait faire salle comble ! « Cette voix qui remplit un quartier, couvre tout, absorbe tout, le bruit confus des hommes et des chevaux, décrit Louis-Sébastien Mercier, chroniqueur parisien de la fin du XVIIIe siècle. [L'aboyeur] est toujours enroué, mais cet enrouement même imprime à sa voix un son rauque et épouvantable, qui ressemble à un tocsin.

Il crève bientôt à ce métier. » En somme, l'extinction de voix précède l'extinction tout court…

Un métier homonyme surgit en 1856, en France, après la promulgation d'une « taxe sur les chiens » sous le gouvernement de Napoléon III. Cette loi contraint les propriétaires de toutous à payer quelques francs à la commune pour les nuisances que ceux-ci occasionnent. L'objectif : lutter contre la prolifération des chiens errants et enragés. Apparaît donc ce professionnel qui, pour 150 francs par mois (le salaire annuel d'un ouvrier agricole), est chargé de démasquer les mauvais payeurs. À la nuit tombée, il vient aboyer devant les portes des maisons pour identifier les chiens clandestins qui, à coup sûr, lui répondront !

ALLUMEUR DE RÉVERBÈRES

Les lumières de la ville

C'est une scène habituelle de l'Ancien Régime : sur le coup de six ou sept heures du soir, Paris s'éteint. Lorsque les dernières rumeurs du soleil ont été englouties et que la nuit commence à bercer la ville, seuls quelques falots et patrouilles tracent encore, lanterne au bout du bras, des sillons de lumière dans les allées obscures…

C'est sous Louis XIV, en 1667, que les premières « potences » surplombées de chandelles ou de falots (grandes lanternes) ont commencé à percer les ténèbres de la capitale. Des lanternes sont placées à chaque extrémité des rues et allumées à heures fixes par des habitants du quartier : à Paris et dans ses faubourgs, on en recense déjà plusieurs milliers. L'objectif : décourager vols, larcins et trafics qui se produisent généralement avec la complicité de la nuit. Auparavant, un arrêté du Parlement obligeait chaque Parisien à placer une chandelle à sa fenêtre autour de neuf heures du soir. Mais il fallait compter sur la coopération des résidents qui, eux-mêmes, redoutaient les incendies ! L'éclairage public est donc devenu la prérogative de la municipalité sous le règne du Roi-Soleil. Pour financer le travail des commis-allumeurs, le lieutenant-général de police fait prélever une taxe spéciale, l'impôt des boues et lanternes, qui monnaye également le service des éboueurs désengorgeant les rues.

Mais les potences restent bien faiblardes, et leurs lumières vacillantes... Surtout lorsque les allumeurs oublient leur devoir et, par jour de gros temps, les laissent s'éteindre ! Fort heureusement, la démocratisation des lampes à huile dans la seconde moitié du XVIIIe siècle renforce leur aura lumineuse. Puis vient le temps des becs de gaz, entretenus par 300 allumeurs parisiens dans les années 1850, qui les enflamment grâce à un long bâton pourvu d'une griffe pour ouvrir le gaz. Selon les détails de leur fiche de poste, ils ont 40 minutes pour effectuer leur tournée d'allumage – et d'extinction – à partir de l'horaire fixé au préalable ! Mais leur métier ne s'arrête pas là : ils doivent également nettoyer les carreaux des réverbères, noircis par la flamme, et briquer au chiffon sa carcasse métallique, sous peine d'amende. « L'allumeur doit être capable de fournir de longues courses, par tous les temps, de monter à l'échelle et de faire une partie de son service la nuit, précise un recruteur de la Compagnie parisienne de gaz dans la seconde moitié du XIXe siècle. Il est nécessaire qu'il ait une bonne vue pour se rendre compte exactement de l'état des appareils et de la dimension des flammes. »

Les témoignages des « falotiers » du XIXe siècle – qui exercent également à Londres, Bruxelles ou Lausanne – nous éclairent sur leurs conditions de travail extrêmement précaires : « Une tâche pénible en hiver, quand le froid engourdit les doigts, quand le vent éteint les lumières naissantes », grogne un contemporain en 1842. Preuve en est que près d'un tiers des effectifs, épuisés de devoir traîner leur barda chaque nuit, démissionnent avant d'avoir soufflé leur première bougie d'ancienneté. La plupart des allumeurs exercent d'ailleurs une activité complémentaire pour combler leurs journées. Sans surprise, ils réalisent rapidement qu'ils préfèrent danser sous les lampions et se cramponner, ivres, aux lampadaires plutôt qu'assurer leur bon fonctionnement !

En 1881, coup de tonnerre : lors de l'Exposition internationale d'électricité, qui se tient au palais de l'Industrie, près de 900 000 visiteurs sont électrisés par les nouvelles prouesses de l'électrotechnique. L'ampoule d'Edison, inventée quelques mois plus tôt, élit bientôt domicile dans les lampadaires automatisés qui fleurissent dans les métropoles au cours des années 1930. Les rues n'ont jamais été plus sûres… Pour l'allumeur de réverbères, figure familière et romantique du crépuscule, c'est l'extinction des feux.

ERMITE DE JARDIN

Décorateur d'extérieur

Des nains en plâtre aux fontaines d'apparat, en passant par les lions altiers qui encadrent l'entrée d'un domaine, chacun a sa propre vision de la décoration d'extérieur. Tous les goûts sont, après tout, dans la nature, et ceci est particulièrement vrai dans le jardin. À la fin du XVIIIe siècle, la mode des extérieurs pompeux et des parterres ciselés est passée ; la tendance est aux jardins pittoresques, lieux de retraite dépouillés, propices, loin de l'agitation du monde, à la méditation et au repli sur soi. Un décor d'aspect rustique, qui abrite des cabanes, des bancs couverts de mousse, des grottes habilement dissimulées, et qui prétend rendre à la nature ses friches et ses herbes folles.

C'est dans l'Angleterre georgienne que naît cette lubie pastorale, au même titre que d'autres « folies » d'aménagement : pyramides, ponts de pierre enjambant les ruisseaux, cascades factices, temples à l'antique élisent domicile dans des demeures isolées, en lisière de forêt ou dans l'intimité d'un vallon. L'époque romantique insuffle un renouveau visuel, loin des jardins millimétrés qui ont fait les beaux jours de Le Nôtre et de ses émules. On recherche des paysages (faussement) naïfs et sauvages, ressemblant trait pour trait à ceux bientôt imaginés par les peintres anglais Turner et Constable.

Les maisons de maître sont aussitôt colonisées par les naïades, les nymphes et les muses de tout acabit. Pour compléter ce panthéon, rien de tel qu'un ermite, figure méditative par excellence ! Prince des sauvageons, philosophe en friche, ce hère est recruté pour habiter les jardins pittoresques, ajoutant la touche finale à cet apparent dénuement. Jacques Delille conseille en 1782 : « À vos palais pompeux, opposez leurs cabanes ; peuplés par eux, vos bois ne seront plus profanes, et leur touchant aspect consacrera ces lieux. » Mais en quoi, précisément, consiste cette fonction bizarre d'ermite d'ornement ?

L'heureux « propriétaire » d'un ermite lui recommandera d'abord de se laisser pousser la barbe, les cheveux, les ongles, et de s'autoriser quelques libertés quant à son hygiène corporelle... L'esthétique recherchée est celle du druide ou du philosophe antique. Libre ensuite à tous ces Diogène en herbe de déambuler comme bon leur semble : l'hôte des lieux n'attend pas d'eux l'accomplissement de tâches domestiques. Leur simple présence suffit à authentifier le décor et à ravir les invités de marque, qu'ils divertissent parfois d'un brin de poésie. Dans une petite annonce signée Charles Hamilton, un aristocrate irlandais installé dans la banlieue de Londres, il est précisé qu'il sera fourni à l'ermite « une Bible, des lunettes de vue, un matelas, un coussin, un sablier, de l'eau et de la nourriture ».

On peut imaginer que de nombreux quidams sans le sou ont sauté sur l'occasion. « Jeune homme, souhaitant se retirer du monde et vivre en ermite dans un endroit convenable en Angleterre, est prêt à s'engager avec tout gentilhomme qui serait désireux d'en avoir un », mentionne une petite annonce publiée début 1810 dans le *London Courier*. En vérité, les gazettes ne croulent pas sous les demandes. Car cet engagement implique une forme de servitude, l'ermite n'ayant pas le droit de quitter le domaine :

pour toucher la m… atron lui promet, il doit rester un long… ns sa forteresse de ronces. Le même C… elton offre une petite fortune (700 livres) … e s'engage à vivre sept ans dans son parc d… aux condi-tions suivantes : « [L'ermite] dev… une robe de camelot et jamais, quelles qu'en… les cir-constances, il ne devra se couper les… ux, la barbe, les ongles, s'aventurer au-delà du… aine de M. Hamilton ou échanger le moindre mo… ec un domestique. » Ce retrait volontaire du mon… est parfois difficile à assumer : le premier candidat engagé par Hamilton est surpris au pub après trois semaines de service…

Acteurs inattendus d'un véritable phénomène de mode, les ermites d'ornement commencent à retourner à la vie civile vers 1850. Mais s'ils ne font plus partie du paysage, leurs huttes, elles, perdurent encore dans les parcs anglais, écossais, irlandais, français et même américains. Nombre d'ermitages entretiennent ainsi la mémoire de ces malheureux reclus payés pour paraître libres et insouciants. Et leurs tanières, encore habitées par quelques livres ou un sablier brisé, laissent à penser qu'ils sont simplement sortis se promener, tel Diogène émergeant de son tonneau pour aller philosopher dans les ruelles d'Athènes.

FALOT

Broyeur de

Avant la …atisation de l'éclairage public, les artères …ndes villes peuvent être redoutablement …es. Et leur noirceur est souvent synonyme …écurité pour les piétons, alors susceptibles d'êt… …gressés ou dépouillés. « Immensité de la nuit. Le… …rimes viennent des ténèbres », avertit Victor …ugo. Au XVIIe siècle, on voit des garçons profiter de l'aubaine pour embrasser une carrière curieuse : celle de falot. Équipés d'une lanterne ou d'une torche, ils se postent à la sortie des tavernes, des restaurants et des cabarets. Lorsqu'un client potentiel se présente, ils proposent d'escorter le voyageur jusqu'à sa destination. Ces travailleurs au noir précèdent leurs clients à travers un royaume de nuit, pluvieux et poisseux. Enfants miséreux aux figures maculées de suie, ils font partie de cette armée de petits besogneux des XVIIe et XVIIIe siècles, côtoyant les chiffonniers, les porteurs et les marchands ambulants. Le chroniqueur londonien Samuel Pepys les mentionne régulièrement dans son journal : généralement, on leur remet – somme dérisoire – un quart de penny pour cet exercice ! Alors, ces éclaireurs n'hésitent pas à conduire leur passager vers des ruelles obscures, où des complices tapis dans l'ombre détroussent le malheureux. De quoi tirer un meilleur profit de la course… et noircir un peu plus leur réputation.

Dès la fin du XVIIIe siècle, les falots sont menacés par la révolution de l'éclairage public. Voici comment le *Globe* londonien décrit le métier le

6 décembre 1894 : « [...] institution noc-
turne de nos rues jusqu[...] élioration de la
lampe à huile, puis l'introd[...] rendent sa
profession obsolète. » En effe[...] se répand
comme une traînée de poudre[...]z, grandes
capitales d'Europe, fruit d'innovatio[...]essives :
lampes à huile à la fin du XVIIIe siècle, [...] à gaz
au cours du XIXe, enfin la « fée électricité » [...]ques
décennies plus tard. Aveuglé par tant de lu[...]
l'éclaireur des rues s'éteint.

ANGE GARDIEN

Homme des tavernes

Dans la tradition populaire, les anges gardiens sont des esprits bienfaisants qui soutiennent l'individu confronté aux épreuves les plus difficiles. Le terme a été apprivoisé par un petit métier aux abords du XIXe siècle : recrutés par les marchands de vin, les anges gardiens sont des formes discrètes qui hantent les (nombreuses) tavernes de Paris. Puis, lorsqu'un ivrogne prend, trébuchant, le chemin du retour, cette bonne âme l'accompagne jusqu'à sa destination.

« On ne se figure pas ce qu'il faut réunir de qualités pour être ange gardien, écrit Aurélien Scholl, journaliste français de la fin du XIXe siècle, en 1867. La sobriété est la première de ces vertus ; sans elle, il se laisserait tenter par son protégé, il boirait avec lui ! Avec la sobriété, l'ange gardien doit être doué d'une force physique qui lui permette de maîtriser son homme, de le ramasser s'il tombe, et de l'entraîner s'il résiste. » Sans oublier de se méfier des

« voleurs a… qui rançonnent les poivrots endormis s… …s des squares… En échange de quoi, par… …ueil de sa maison, le buveur lui glissera… … quelques piécettes dans le creux de la p…

FU… E DE GUILLOTINE

…erreur en jupons

Un métier-éclair passé sur l'histoire comme un couperet sur le billot : les furies de guillotine sont considérées comme les princesses de la Terreur. Mêlées aux processions qui conduisent au lieu d'exécution, aboyant des insultes, excitant la ferveur du peuple, elles incarnent, dit-on, la hargne et la fureur révolutionnaires. Mais d'où viennent-elles exactement ? « On décida de tirer des prisons de ces femmes condamnées pour vol, ou détenues pour mauvaises mœurs. […] Ce sont des femmes dont les tyrans se sont servis pour peupler les tribunes de la Convention, des Jacobins, de la Commune, les salles des tribunaux révolutionnaires. » On les imagine tricotant paisiblement au pied de l'échafaud (d'où leur appellation de « tricoteuses ») ou se délecter des gerbes de sang jaillissant de la guillotine… C'est ici que la légende noire décolore les faits. Certes, les femmes participent en nombre aux tumultes de la Révolution, assistant aux assemblées, fondant des clubs féminins et prenant la parole. Certaines déclenchent même des insurrections : à Grenoble, le 7 juin 1788, c'est une sans-culotte qui, en giflant le sergent Bernadotte, provoque l'émeute de la « Journée des Tuiles »... Ces furies inquiètent les autorités. Un rapport de police de l'époque signale : « Il est étonnant [...] à quel point les femmes sont devenues féroces, elles assistent tous les jours aux exécutions. » Mais sont-elles véritablement si sanguinaires ?

Si les archives font état de violences épisodiques, le mythe rouge des « lécheuses de guillotine » s'enracine d'abord dans la propagande contre-révolutionnaire, fustigeant ces « mégères » hystériques ayant quitté leur ménage, puis dans les récits fictionnés de Lamartine, Baudelaire et Dickens qui transforment l'habituée des tribunes en « harpie » assoiffée de sang. Remettons les choses au point : la furie de guillotine est avant tout une femme politique, plus souvent présente à la tribune qu'à l'échafaud – ainsi qu'en témoignent les observateurs du temps – et c'est justement cela qui inquiète ses homologues masculins. Est-elle, comme l'ont avancé certains détracteurs, « secrètement et largement rétribuée » pour suivre les charrettes et houspiller les citoyennes qui ne portent pas la cocarde ? Si le fait a été décrit, il n'est pas répandu et doit être pris avec des pincettes tant la propagande antiféministe est bruyante dans la foulée de la Révolution. D'ailleurs, les promesses égalitaires faites aux femmes sans-culottes ne seront jamais tenues. Le 30 octobre 1793, un député de l'Isère, Jean-Pierre-André Amar, déclare devant la Convention nationale : « Nous croyons qu'une femme ne doit pas sortir de sa famille pour s'immiscer dans les affaires du gouvernement. » Le même jour, les clubs féminins sont dissous. Seule une poignée de femmes hante encore les assemblées révolutionnaires et, courant 1795, certaines sont chassées des gradins de la Convention. Napoléon portera le coup de grâce : promulgué en 1804, le code civil réduit les femmes, si furieuses soient-elles, à l'état de mineures et enterre définitivement toute promesse d'émancipation.

CLAQUE

Coup de main

Quand il ne s'agit pas d'une gifle, la claque est une cohorte bruyante de spectateurs chargée d'applaudir à tout rompre. L'ovation sur commande a sa place dans les audiences des politiciens, et ce, dès l'Antiquité. Néron, empereur romain du Ier siècle, jouait sous les louanges nourries – et très certainement hypocrites – de ses propres soldats.

C'est néanmoins dans les troupes de théâtre du XVIIIe siècle que la pratique se démocratise. Inquiets de faire un four devant un parterre clairsemé, metteurs en scène ou acteurs débutants offrent des billets gratuits aux claqueurs (ou battoirs) chargés d'entraîner, par leurs applaudissements nourris, l'ensemble de l'auditoire. On imagine qu'il ne s'agit pas d'une profession à plein temps, mais bien d'un complément de revenu, voire, tout simplement, d'un moyen commode de se divertir sans bourse délier. D'ailleurs, on en retrouve également en Italie (*loggionisti*) et dans les audiences de Londres ou de New York.

Au XIXe siècle, la pratique se diversifie : aux claqueurs s'ajoutent les pleureurs, qui tirent leurs mouchoirs afin d'accabler de tristesse les spectateurs, et les chatouilleurs, éclatant d'un rire communicatif. On recense également des bisseurs, en charge de rappels enthousiastes. C'est à se demander s'il reste de la place pour les spectateurs payants ! Et l'on assiste parfois à des rixes impromptues lorsque les claqueurs, payés pour acclamer, se mesurent à ceux qui ont été recrutés pour huer... La pratique de la claque prend alors un sens tout autre !

COUREUR DE BOIS

La vie sauvage

C'est une forme fugitive qui apparaît, çà et là, sous les canopées boréales : couvert de peaux de bêtes, créature hybride à la frontière entre l'homme et l'animal, le coureur de bois est une légende vivante d'Amérique du Nord. Il était là avant les trappeurs, bien avant les prospecteurs d'or et de pétrole qui auront raison de ce paysage de conifères. Perché sur les crêtes des Rocheuses, remontant le Mississippi en canoë, sillonnant les vallées vierges, il s'est petit à petit fondu dans ce paysage rugueux et indomptable.

Le coureur de bois est arrivé avec les premiers colons. La Nouvelle-France, qui correspond au Canada ainsi qu'à certains fragments des États-Unis actuels, est âprement disputée entre Français et Anglais à partir du XVIIe siècle. Certains colons français, impatients de se tailler la part du lion dans le commerce avec les Amérindiens, s'en vont explorer le territoire à l'aveugle. Ce sont de jeunes aventuriers ou d'anciens soldats, qui partent à la rencontre des autochtones les bras chargés de denrées européennes : linges, alcool, armes, munitions, argenterie... Bientôt, ces nomades se spécialisent dans le commerce des fourrures. Ces expéditions ne sont pas sans risque. Elles sont découragées, puis interdites par Colbert, contrôleur général des finances de Louis XIV, qui calcule rapidement le manque à gagner pour la Couronne. À partir des années 1680, le coureur de bois est un hors-la-loi, un vagabond dont on blâme les mœurs décadentes (il lui arrive de s'unir aux Amérindiennes)... Même si, secrètement, on envie sa liberté.

Sur le fleuve, dans les prairies, par temps de grande sécheresse ou les pieds saisis dans la neige, la survie du coureur de bois n'est pas assurée. Les prédateurs rôdent : ours bruns, cougars, loups gris... L'aventurier doit cumuler force, agilité et endurance. Il peut pagayer jusqu'à douze heures par jour et, lorsqu'il voyage à pied, porte ses marchandises à l'aide d'un mécapal – un harnais relié au front – sur des centaines de kilomètres. « Le genre de personne qui ne s'inquiétait pas de pagayer 500 ou 600 lieues en canoë, ou de vivre de maïs et de graisse d'ours pendant douze à dix-huit mois, ou de dormir dans une hutte de branches et d'écorce » témoigne un missionnaire jésuite, impressionné. Les moustiques, les infections, les escarmouches iroquoises, la solitude (qui pousse à la boisson) ont parfois raison de ces gaillards. À partir de 1681, Colbert instaure les congés de traite, des permis venant réglementer l'activité des entrepreneurs en fourrure : les pelleteries sont désormais l'affaire de compagnies dédiées, employant des « voyageurs » qui supplantent peu à peu les coureurs de bois. La demande de fourrure chute : en Europe, c'est la soie, désormais, qui est à la mode. Que reste-t-il de ces pionniers, premiers compagnons des autochtones ? Dans les légendes canadiennes, on dit qu'ils continuent de parcourir bois et forêts, fiers et libres, comme une rumeur sauvage.

AVALEUR DE DÉS

Et les dés sont jetés...

On trouve dans les archives londoniennes plusieurs mentions d'arrestations liées à des jeux de dés, et ce dès l'époque médiévale, où la pratique est courante dans les tripots (souvent avec la complicité du tavernier qui y trouvait son compte). En Angleterre, c'est sous l'égide d'Édouard III, en 1335, que les premières lois interdisant les jeux illicites entrent en vigueur : « Il est interdit, sous peine de mort, de se divertir à un autre jeu que celui de l'arc à mains et des flèches. » Mais cet édit sert moins à décourager les flambeurs qu'à familiariser la population avec le maniement de l'arc, qui signera les premières victoires anglaises de la guerre de Cent Ans.

La législation est quelque peu assouplie au cours du demi-siècle suivant, notamment pour favoriser les loteries royales : ces divertissements extrêmement populaires occasionnent des recettes considérables, permettant de financer des travaux publics d'envergure ou des guerres coûteuses. Mais les jeux de cartes et de dés sont encore l'apanage de l'aristocratie, tout comme les paris hippiques. Cela change au cours du XVIIIe siècle : les maisons de jeu clandestines prolifèrent, et avec elles leur lot de corruptions, tricheries et autres rixes alcoolisées. C'est à ce moment précis que pointe une curieuse profession. Des individus « dont la seule mission consiste à avaler les dés en cas de descente de police » s'installent autour des tables de jeu. Et, en un tour de main, font disparaître les preuves…

Ce n'est toutefois que dans l'Angleterre du XVIIIe siècle que la profession aura été – brièvement – recensée. Ce qui n'est pas vraiment surprenant : à la même époque, en France, on joue plutôt au billard ou à la roulette… Ce qui exige un estomac autrement plus solide.

LOUEUR DE VIANDES

Cauchemar en cuisine

En passant devant la gargote d'un restaurateur parisien au XIXe siècle, deux ouvriers s'arrêtent brusquement. En devanture, de beaux quartiers de viande leur font de l'œil : pieds de porcs, entrecôtes charnues, chapelets roses de saucisses… Échangeant un signe de tête entendu, les deux badauds ôtent leurs casquettes puis, saluant le patron, s'installent à l'intérieur de l'établissement.

Ces deux couverts supplémentaires ne sont pas le fruit du hasard, mais d'une campagne marketing savamment orchestrée. Car les pièces de viande qui trônent à l'entrée de la boutique n'ont pas vocation à servir aux cuisiniers : il ne s'agit là que d'appâts pour piéger les gourmands. En réalité, le restaurateur ne sert que des semelles de viande ou des poissons défraîchis, que l'on cuisine souvent en soupe, en bouillon ou couverts de sauce pour ne pas éveiller les soupçons des mangeurs... « Ces gens-là vendent le plat de viande six sols au plus, trois sols au moins ; ils ne peuvent donc employer que de basses viandes, observe le gazetier français Privat d'Anglemont en 1860. Et que voyez-vous chez eux ? De magnifiques filets, de superbes gigots, de succulentes entrecôtes. S'ils donnaient cela à leurs pratiques [leur clientèle], ils se ruineraient. Ils s'entendent donc avec des bouchers qui, moyennant redevance, consentent à leur louer quelquefois même des animaux entiers. Le loueur les reprend quand il en a besoin. » Généralement, le contrat de location expire après seulement quelques jours en hiver, voire quelques heures en été, afin que le boucher récupère sa marchandise en bon état.

Très anecdotique à l'échelle de l'histoire, cette pratique étrange en rappelle une autre du même acabit, un peu plus ancienne. Originaire d'Amérique du Sud, l'ananas est introduit en Europe dès le XVIe siècle, dans la foulée des explorations vers le Nouveau Monde. Surnommé « le roi des fruits », il devient au siècle suivant un objet de prestige que l'on exhibe lors des dîners. Pièce maîtresse des pyramides de fruits qui témoignent de la richesse de l'hôte, on ne le mange sous aucun prétexte... D'autant qu'il a peut-être seulement été loué pour impressionner les invités !

RADAR HUMAIN

À bon entendeur…

En se promenant sur les plages du comté de Kent, dans le Sud de l'Angleterre, le touriste attentif remarquera peut-être des paraboles de béton de plusieurs mètres de diamètre. On pourrait passer son chemin devant ce qui ressemble à la création d'un artiste excentrique, mais ne vous y trompez pas : il s'agit en réalité d'un dispositif militaire.

Dressés sur le pourtour de la Manche dans l'entre-deux-guerres, les « miroirs acoustiques » sont tout simplement des oreilles artificielles. Leur structure adopte une forme concave servant à amplifier le son produit par des appareils lointains et à le concentrer vers un microphone, placé en son centre. Le but de la manœuvre : repérer des appareils ennemis avant qu'il ne soit trop tard pour alerter les unités antiaériennes, et ainsi se prémunir de bombardements-éclair coûteux en vies.

Les leçons de la Grande Guerre ont été apprises. Certes, en 1914, l'aviation n'avait pas encore le niveau de sophistication qu'elle atteindrait en 1940 : les appareils sont surtout utilisés pour la reconnaissance, et les premiers avions de combat embarquent des pilotes armés de fusils mitrailleurs, de grenades ou de grappins… Au sol, les unités françaises utilisent des « cornets acoustiques » géants pour les détecter. Mais leur fiabilité laisse souvent à désirer… Toutefois, le perfectionnement des bombardiers et des avions de chasse, ainsi que leur vitesse exponentielle, ont suffi à prouver que la prochaine guerre ne se jouerait plus sur le plancher des vaches.

« L'époque où les armées sur terre ou les marines sur mer pouvaient être les arbitres du destin d'une nation en temps de guerre est révolue », commente le brigadier-général Billy Mitchell, père de l'US Air Force, en 1918.

C'est ainsi que, dans les années 1920 et jusqu'au début des années 1930, on voit des « radars humains » se harnacher aux miroirs acoustiques, casque sur les oreilles, afin de détecter les bruits suspects captés par le dispositif. Dans le meilleur des cas, si l'intuition d'une « oreille » s'avérait juste, alors le zeppelin bombardier devait se situer à une trentaine de kilomètres des côtes par beau temps. Le commandement militaire disposait alors de 15 minutes pour préparer les défenses antiaériennes. Sélectionnés pour leur ouïe et leur concentration, formés aux différents bruits produits par les moteurs d'avion, les radars humains font une entrée tonitruante sur les pistes d'envol de la Royal Air Force ou de l'US Air Force. Mais tous en décollent brusquement en 1938 : on vient d'inventer le radar…

Craquelées par le temps et couvertes de tags, les « oreilles géantes » de la Manche, déjà centenaires, continuent d'écouter le bruit des vagues. Elles inspireront tout de même la création de satellites acoustiques destinés à détecter les bruits extraterrestres. Les radars humains sont donc encore en activité… à l'écoute des petits hommes verts !

RÉVEILLEUR

L'armée de l'aube

Avant l'âge du réveille-matin, il fallait trouver un moyen commode de se réveiller dans les temps pour être à l'heure au travail. Dans les îles britanniques, à l'âge de la révolution industrielle, c'est le métier du *knocker-up* (réveilleur). Parcourant les cités ouvrières dès l'aube, il frappe, à l'heure convenue, des coups répétés aux portes des travailleurs. Parfois, cela incommode le voisinage… et certains en profitent pour être réveillés gratuitement ! Pour ne pas trop importuner les voisins, il s'équipe d'une longue tige flexible en bambou qui lui permet de taper directement aux carreaux de la chambre à coucher. On observe par endroits des originalités notables, comme Mary Smith qui utilise une sarbacane à pois pour tirer du sommeil les quartiers endormis de Londres ! Payés à la semaine, certains réveilleurs, malgré la concurrence des réveils électriques plus abordables, continuent d'exercer dans les villages isolés jusqu'aux années 1970. À Paris, certains réveillent les forts des Halles – les porteurs charriant les denrées alimentaires vendues en gros aux Halles de Paris, dans le 1er arrondissement – à coups de sifflet, et l'un d'eux est joliment surnommé Beau-Merle. Une question reste en suspens : mais qui réveillait les réveilleurs ?

MARCHANDE D'ARLEQUINS

Soupe populaire

Arlequin, figure haute en couleur de la *commedia dell'arte*, porte un habit rapiécé composé de pièces d'étoffes de différents coloris. Selon la tradition, c'est en raison de sa pauvreté ; ne pouvant s'offrir un costume complet, il épingle des morceaux de tissu les uns aux autres. C'est aussi la logique de la marchande d'arlequins, chiffonnière des plats parisiens. Dès le XVIIIe siècle mais surtout à la fin du XIXe, on la voit tirer son chariot devant les terrasses des restaurants bourgeois, des auberges, des gargotes, des hôtels... Que convoite-t-elle donc ? Les restes, ou « rogatons » : os encore enrobés de viande, légumes oubliés, poissons squelettiques... Rescapés des tables riches, ces restes lui sont confiés par les restaurateurs contre une bouchée de pain. Puis la marchande d'arlequins s'installe aux Halles en mettant en évidence sa pêche du jour, avec au premier plan ses plus belles trouvailles, tout droit sorties des cuisines réputées ! Souvent, tous ces ingrédients sont plongés dans la même marmite où ils composent une tambouille qui a tout de la soupe populaire. Dans un contexte de misère rampante, il va sans dire que ces marchandes attirent une clientèle affamée et fort nombreuse. « Le moins fortuné des gueux peut ainsi goûter à la table des riches. » Mais la pratique s'évanouit sans demander son reste au début du XXe siècle.

LOUEUR D'ENFANTS

Le péril jeune

Au XVIIIe siècle, en France, les bas-fonds de la capitale sont peuplés de gueux qui n'hésitent pas à simuler différents maux pour attirer la compassion des passants : l'un boite affreusement, l'autre couvre sa prétendue cécité d'un bandeau... En raison des guérisons spectaculaires qui s'y produisent, on a baptisé ces endroits les « cours des miracles ». Purgées par La Reynie, le premier lieutenant général de police de Paris, à la demande du Roi-Soleil, qui estimait que ces havres de criminalité défiguraient Paris, ceux-ci réapparaissent dans la deuxième moitié du XIXe siècle, à la faveur de la fraîche vague de misère et de vagabondage liée à l'industrialisation.

Le loueur d'enfants est l'un de ces gueux. Il a observé que les passants s'attendrissaient plus facilement en présence de marmots. Alors, il les emprunte à des mères de famille qui ne souhaitent pas s'en encombrer et les loue, pour la journée, à des mendiants. Ce trafic humain gangrène les quartiers les plus populaires de Paris. Enfants illégitimes, gamins des rues, orphelins qui en font l'objet n'ont en général guère plus de cinq ans. Certains sont même cédés par des nourrices peu sourcilleuses contre un ou deux francs par nuit.

Tous ces enfants sur gages suivent ensuite les mendiants dans leurs allées et venues nocturnes. On peut les trouver à la sortie des cabarets, des restaurants, des messes de minuit. S'ils font peine à voir, c'est aussi parce que, parfois, leurs propriétaires les défigurent volontairement. « On en a vu qui poussaient la cruauté jusqu'à les estropier dès leur plus tendre enfance, soit en leur tournant les jambes, soit en leur cassant un bras, afin d'en faire des premiers sujets pour la mendicité. » Ce n'est pas un hasard si Victor Hugo évoque la mutilation volontaire d'enfants dans *L'Homme qui rit*, publié en 1869, ce conte prenant la forme d'un réquisitoire contre la misère des classes laborieuses et l'indifférence des puissants. Finalement, c'est la législation contre le travail des enfants, doublée de la création des premiers orphelinats, qui chasse le loueur d'enfants des bas quartiers vers la fin du XIXe siècle.

RENIFLEUR DE CAFÉ

À vue de nez

Introduit en Occident à la Renaissance, le café fait une entrée fracassante sur les tables des puissants. Comme le cacao chez les Aztèques, cette boisson est d'abord vantée pour ses bienfaits médicinaux : on dit qu'elle soulage des maux de tête, fouette les sangs et guérit l'apoplexie. La légende voudrait qu'elle se soit démocratisée dans un monastère oriental dont l'imam voulait prolonger la prière de ses fidèles… Quoi qu'il en soit, au XVIIe siècle, les pays d'Europe en font planter dans leurs colonies et revendiquent ses vertus. Certains contemporains sont vilipendés pour leur goût immodéré du breuvage, dont Voltaire, qui a la réputation d'en boire entre 12 et 50 tasses par jour.

Devant la montée en puissance des établissements servant du café, qui ouvrent par dizaines à Londres,

Vienne et Paris et accueillent poètes, artistes et philosophes du temps, certains gouvernants doivent intervenir. En Angleterre comme en Turquie, on s'inquiète de ces endroits où les gens s'assoient en égaux, et où les puissants croient voir filtrer la fièvre révolutionnaire. En Prusse, dans la seconde moitié du XVIIIe siècle, l'empereur Frédéric II s'offusque de voir des marchands s'enrichir au nez et à la barbe de la Couronne… D'autant que le Trésor royal a été saigné par les récentes guerres de Silésie. Le souverain tente d'abord d'interdire le café au profit d'alternatives moins coûteuses et domestiques, comme la chicorée. Mais l'empereur craint surtout que la suprématie du café ne vienne concurrencer celle de la bière : c'est une question d'orgueil national ! En septembre 1777, Frédéric II promulgue son manifeste du café et de la bière, dans lequel il précise sa pensée : « Sa Majesté a grandi en buvant de la bière, tout comme ses ancêtres et ses officiers. Beaucoup de batailles ont été combattues et gagnées par des soldats nourris à la bière et le roi ne croit pas qu'on puisse s'attendre à ce que des soldats buvant du café soient capables d'endurer les mêmes épreuves. »

Puisque cela ne suffit pas à faire changer les choses, l'empereur enfonce le clou en 1781, cherchant à faire de la production de café un monopole royal. Il contraint les vendeurs de café à obtenir un permis officiel de la Couronne, ce qui lui permet de percevoir une taxe – de 150 % – sur chaque opération de torréfaction. Le prix d'une tasse de café équivaut alors au salaire journalier d'un ouvrier ! À l'époque, toutes les tasses ne se valent pas : le café officiel, désormais réservé aux élites, est concurrencé par des succédanés moins coûteux à base de chicorée, mais aussi de figue séchée, de carotte caramélisée, de céréales brûlées ou de haricots rôtis…

Il fallait s'y attendre : la prohibition va doper le marché noir et la contrebande de grains de café. Cependant, Frédéric II, tenant à faire respecter son édit, traque sans relâche les cafetiers clandestins. Le souverain « recycle » plusieurs centaines de vétérans invalides de son armée et les emploie en tant que renifleurs de café (*Kaffeeriecher*). Ces derniers sont chargés d'arpenter les rues en suivant les arômes de brûlé afin de détecter les individus qui s'adonneraient à la torréfaction clandestine. Et si un producteur illégal est épinglé, les renifleurs touchent 25 % de l'amende. Une mission qui restera, néanmoins, de courte durée en Prusse : la loi sur la torréfaction clandestine est abrogée en 1787 à la fin du règne de Frédéric II – lequel, sur son lit de mort, boit encore six à huit tasses de café par jour…

Le mot de la fin

Nous sommes loin d'avoir retrouvé le rythme de travail de nos ancêtres chasseurs-cueilleurs. Même si le temps passé au turbin a baissé de moitié depuis l'âge industriel, passant de 66 heures hebdomadaires en 1870 à environ 32 heures en 2023 en France, les débats sur la pénibilité et la précarité du travail n'ont jamais été aussi virulents. Non seulement sur ses conséquences néfastes (stress, fatigue, harcèlement, anxiété, surmenage…), mais aussi sur son utilité sociale. Dans les pays riches, entre 37 et 40 % des actifs déclarent exercer une activité vide de sens, signe d'un malaise profond. C'est à n'y rien comprendre : le temps de travail diminue, mais le malheur au travail augmente !

À la fin du XIXe siècle, les commentateurs de la révolution industrielle s'attendaient à ce que les progrès technologiques soient synonymes de lendemains qui chantent. L'économiste John Maynard Keynes prédisait que la semaine de travail retomberait à 15 heures à la fin du XXe siècle. Oscar Wilde imaginait que le temps récupéré permettrait de « réaliser de grandes choses, lire de grands ouvrages ou tout simplement observer le monde avec admiration et délice ». Hélas, les belles utopies ne se sont jamais matérialisées. Car la création de richesses supposait un partage, forcément inégal, entre les grands industriels et les petits industrieux. Et la prospérité des uns a pu se construire sur l'exploitation des autres… Nous avons donc continué de nous abîmer le corps et l'esprit au boulot, même si son cadre s'est déplacé des usines mal ventilées aux *open spaces* invivables. Et le temps que nous avons gagné, nous le passons à la médecine du travail, sur le divan des psys, ou à lire de modestes ouvrages comme celui que vous avez entre les mains (merci quand même).

Mais l'on n'aime rien de moins que les belles promesses, et aujourd'hui, la flexibilisation, l'intelligence artificielle et la transition numérique sont attendus comme des sésames censés permettre notre nouvelle libération. C'est oublier que ce temps « libre », nous le passons à courir d'autres besoins… qui enclenchent à leur tour la spirale infernale de la surconsommation, épuisant de plus en plus de ressources et d'énergie, et condamnant de nouveaux métiers à la marginalisation, la précarité et l'oubli. Si les historiens du futur répétaient l'exercice auquel on vient de se livrer, quelles professions épingleraient-ils dans les nouvelles classifications ? Il y a fort à parier que les livreurs de repas 24 heures/24, les préparateurs de commandes ou les opérateurs télémarketing y feraient leur entrée.

Alors, il nous faut continuer d'interroger, encore et encore, notre rapport au travail. Que dit-il de nous et de notre époque ? Quelle valeur ajoutée produit-il vraiment ? Est-il l'instrument de notre émancipation ou, au contraire, de notre asservissement ? Et surtout, qu'avons-nous à gagner pour y dépenser le tiers de notre vie ?

Pensez-y lundi prochain.

Bibliographie

GÉNÉRALITÉS

Claude Gauvard, Alain de Libera, Michel Zink (dir.), *Dictionnaire du Moyen Âge*, Presses universitaires de France, 2002.

David Graeber, *Bullshit Jobs*, Les liens qui libèrent, 2018.

Emily Cockayne, *Hubbub: Filth, Noise and Stench in England*, Yale University Press, 2007.

Georges Vigarello, *Histoire de la fatigue du Moyen Âge à nos jours*, Seuil, 2020.

Gilles Laurendon, Laurence Berroquet, *Métiers oubliés de Paris. Dictionnaire insolite et anecdotique*, Parigramme, 2008.

James Suzman, *Travailler. La Grande Affaire de l'humanité*, Flammarion, 2021.

Jean-Pierre Rorive, *La Fascinante Vie quotidienne des Français*, Jourdan, 2012.

Robert Fossier, *Ces gens du Moyen Âge*, Fayard, 2007.

Tony Robinson, *The Worst Jobs in History*, Pan Books, 2005.

ABOYEUR

Louis-Sébastien Mercier, *Tableau de Paris*, tome 3, Amsterdam, 1883, p. 19.

ALCHIMISTE

Bernard Joly, « Quand l'alchimie était une science », *L'Actualité chimique*, n° 386, juin 2014.

Chris Gosden, *The History of Magic*, Penguin, 2020.

Joaquín Pérez Pariente, « Alchimistes à la poursuite de la pierre philosophale », *Histoire & Civilisations*, 24 novembre 2020.

Marcellin Berthelot, *Les Origines de l'Alchimie*, Steinheil, 1885.

P.G. Maxwell-Suart, *The Chemical Choir. A History of Alchemy*, Continuum, 2008, p. 61.

S. Elizabeth, *Le Petit Larousse illustré des arts occultes*, Larousse, 2022.

Sergi Grau Torras, « Alchimie : quand les savants recherchaient la recette de l'or », *Histoire & Civilisations*, 18 décembre 2023.

ALLUMEUR DE RÉVERBÈRES

Alain Beltran, Patrice Carré, *La Vie électrique*, Belin, 2016.

Émile de la Bédollière, *Les Industriels*, Janet, 1842, p. 205.

Gilles Laurendon, Laurence Berrouet, *Métiers oubliés de Paris*, Parigramme, 1994.

Jean-Pierre Williot, « Le jeu de la perche et de l'échelle. L'allumeur de réverbères au temps de l'éclairage au gaz (seconde moitié du XIXe siècle) », *Le Travail à l'époque contemporaine. Actes du 127e Congrès national des sociétés historiques et scientifiques*, « Le travail et les hommes », Nancy, 2002 ; Éditions du CTHS, 2005, p. 349.

ANGE GARDIEN

Aurélien Scholl, *Les Nouveaux Mystères de Paris*, « L'héritage du crime », A. Lacroix, Verboeckhoven & Ce., 1867, p. 160.

APOTHICAIRE

« Déclaration du roi, concernant les empoisonneurs, donnée à Versailles le 14 mars 1780, registrée en Parlement le 20 mars 1780 », Bibliothèque nationale de France, département Droit, économie, politique, F-21201 (72).

« Édit du Roy pour la punition de différents crimes [magie, sortilèges, empoisonnement]. Registré en Parlement le 31 aoust 1682 », Bibliothèque nationale de France, département Droit, économie, politique, F-21047 (12).

Arsenio et Chiari Frugoni, *Une journée au Moyen Âge*, Les Belles Lettres, 2016, p. 151.

Augustin Cabanès, *Remèdes d'autrefois (deuxième série) : comment se soignaient nos pères*, Bibliothèque nationale de France, département Sciences et techniques, 8-TE137-7, 1913.

Charles Henri Fialon, « Histoire des mots Pharmacien et Apothicaire », *Bulletin de la Société d'histoire de la pharmacie*, 8e année, n° 28, 1920, p. 263.

Eugène-Humbert Guitard, « À propos de l'affaire des poisons : Dr R. Goulard », *Bulletin de la Société d'histoire de la pharmacie*, 2-3e année, n° 12, 1914, p. 183-185.

Philippe Jaussaud, *L'Affaire des poisons : entre science et littérature, une ressource pour l'enseignement*, extrait des Archives ouvertes (halshs-00868682), 2013.

APPRENTI RAMONEUR

Emily Cockayne, *Hubbub: Filth, Noise and Stench in England*, Yale University Press, 2007, p. 61-73.

Henry Mayhew, *London Labour and the London Poor*, vol. II, p. 136-140.

ARRACHEUR DE DENTS

B. W. Higman, « The Sugar Revolution », *The Economic History Review*, vol. 53, n° 2, 2000, p. 213-236.

Berthod, *La Ville de Paris en vers burlesques*, Bibliothèque nationale de France, département Philosophie, histoire, sciences de l'homme, 8-Z LE SENNE-6540, 1652, p. 3.
Catherine Lanoë, *Revue Historique*, vol. 317, n° 4 (676), 2015, p. 954-956.
Colin Jones, « The King's Two Teeth », *History Workshop Journal*, n° 65, 2008, p. 79-95.
Le Canigou. Journal de Prades et des Pyrénées-Orientales, n° 34, accessible sur le fonds local numérisé du patrimoine de Perpignan, 21 février 1880, p. 3.
Louis de Rouvroy, duc de Saint-Simon, *Mémoires*, vol. XXV, Hachette, 1913, p. 182.
Suzanne Cros, « Le véritable Guignol lyonnais », *The French Review*, vol. 7, n° 1, 1933, p. 39-49.

AVALEUR DE DÉS

San Francisco Call, vol. 107, n° 62, 31 janvier 1910, p. 5.

BALEINIER

« Dans la peau des premiers baleiniers basques », *National Geographic*, 3 août 2018.
Ali Laïdi, « La guerre de course : frapper le commerce de l'ennemi », *Histoire mondiale de la guerre économique*, Perrin, 2016, p. 259-276.
Ana S. L. Rodrigues, Anne Charpentier, Darío Bernal-Casasola, Armelle Gardeisen, Carlos Nores, José Antonio Pis Millán, Krista McGrath, Camilla F. Speller, « Forgotten Mediterranean Calving Grounds of Grey and North Atlantic Right Whales : Evidence From Roman Archaeological Records », *Proceedings of the Royal Society B*, vol. 285, Issue 1882, 11 juillet 2018.
Annik Foucrier, Jean Heffer, « La productivité de la pêche à la baleine française, 1817-1868 », *Histoire & Mesure*, XXVII-2, 2012, p. 49-77.
Armand Landrin, *Les Monstres marins*, Hachette, 1870, p. 33.

Caroline Lugat, « Les traités de “Bonne Correspondance” entre les trois provinces maritimes basques (XVIe-XVIIe siècle) », *Revue historique*, 2002/3 (n° 623), p. 611-655.
Gilbert Buti, Alain Cabantous, *De Charybde en Scylla. Risques, périls et fortunes de mer du XVIe siècle à nos jours*, Belin, 2018, p. 15-48.
Homère, *L'Odyssée*, livre VIII, Lavigne, 1842, p. 133.
Michel Daeffler, « La construction navale en Normandie aux XVIe et XVIIe siècles. Approche comparative », *Annales de Normandie*, 2018/1 (68e année), p. 55-86.
Œuvres de Champlain publiées sous le patronage de l'université Laval par l'abbé C.-H. Laverdière, 2e édition, 1870, *Les Voyages du Sieur de Champlain*, livre premier, p. 8, et livre troisième, p. 180-181.
Patricia Briel, « Le naufrage de l'*Essex* ou la véritable histoire de Moby Dick », *Le Temps*, 3 juin 2000.
Robert Fossier, *Ces gens du Moyen Âge*, Fayard, 2007, p. 174.
Stéphane Hénault, Jeni Mitchell, *L'Histoire de France à pleines dents*, Flammarion, 2019.

BARBIER-CHIRURGIEN

« Déclaration du Roy, concernant la communauté des maîtres chirurgiens de la ville de Paris, donnée à Versailles le 23 avril 1743 », Bibliothèque nationale de France, Arsenal, 4-S-2465 (6).
David le Breton, *Anthropologie du corps et modernité*, PUF, 2015, chap. 2 : « L'homme anatomisé ».
Edward A. Mallon, « Ambroise Paré, Father of Modern Surgery », *Records of the American Catholic Historical Society of Philadelphia*, vol. 24, n° 4, 1913, p. 336-347.
Jean-Charles Sournia, *Histoire de la médecine*, La Découverte, 2004, p. 188.
Mabelle S. Welsh, « “Cups for Colds”: The Barber, the Surgeon and the Nurse », *The American Journal of Nursing*, vol. 19, n° 10, 1919, p. 765.

Molière, *Le Malade imaginaire*, Larousse, 1965, p. 104.
Rabier Christelle, « La disparition du barbier chirurgien. Analyse d'une mutation professionnelle au XVIIIe siècle », *Annales. Histoire, Sciences Sociales*, 2010/3 (65e année), p. 679-711.
Roderick E. McGrew, *Encyclopedia of Medical History*, McGraw-Hill, 1985, p. 30.

BESTIAIRE

Anne Bernet, *Histoire des gladiateurs*, Tallandier, « Texto », 2014, p. 64.
Clément Bur, « De la dignité à la célébrité. Les aristocrates acteurs et gladiateurs de César à Tibère », *Hypothèses*, 2012/1 (15), p. 97-113.
Sénèque le Jeune, *Œuvres complètes*, Lettres à Lucilius, LXX, trad. Baillard, Hachette, 1914, p. 175.

BOUFFON

Barbara W. Tuchman, *A Distant Mirror: The Calamitous 14 th Century*, Ballantine Books, 1978, p. 71.
Beatrice Otto, *Fools are Everywhere: The Court Jester Around the World*, University of Chicago Press, 2001.
Bernard Guenée, « Fous du roi et roi fou. Quelle place eurent les fous à la cour de Charles VI ? », *Comptes rendus des séances de l'Académie des Inscriptions et Belles-Lettres*, 146e année, 2002. p. 649-666.
Maurice Lever, « Les bouffons et le roi », *L'Histoire*, n° 31, février 1981.
Maurice Lever, *Le Sceptre et la Marotte. Histoire des fous de cour*, Fayard, 2000.
Pierre Serna, « Du bouffon au joker », *L'Histoire*, n° 483, mai 2021.

CALCULATEUR

Clive Thompson, « The Gendered History of Human Computers », *Smithsonian Magazine*, juin 2019.

David Alan Grier, « Human Computers: the First Pioneers of the Information Age », *Endeavour*, vol. XXV, Issue 1, 2001, p. 28-32.

David Alan Grier, *When Computers Were Human*, Princeton University Press, 2007.

Francis Joannès, « Mésopotamie : la tablette numérique, ancêtre de la comptabilité », *Histoire & Civilisations*, 23 novembre 2022.

John Richard Edwards, Stephen Walker (éd.), *The Routledge Companion to Accounting History*, 2e édition, Routledge, 2020.

Warren Sack, *The Software Arts*, MIT Press, 2019, p. 94-95.

CANUT

Fernand Rude, *C'est nous les canuts*, François Maspero, 1977.

George J. Sheridan, « Les échos de *L'Écho*. L'héritage du journal des canuts (1834-1870) », *L'Écho de la fabrique : Naissance de la presse ouvrière à Lyon*, ENS Éditions, 2010.

Jules Michelet, cité par Jean Jaurès, *Histoire socialiste*, tome III, La Convention, Jules Rouff, 1901-1908, p. 328.

CASTRAT

Jean-Jacques Rousseau, *Œuvres complètes*, Dictionnaire de musique, tome 1, Armand-Aubrée, 1832, p. 113.

Patrick Barbier, *Histoire des castrats*, Grasset, 1989, p. 27.

Sara Goudar, *Remarques sur la musique*, p. 20, cité par Barbier, *op. cit.*, p. 53.

CHAPELIER

H. A. Waldron, « Did the Mad Hatter Have Mercury Poisoning ? », *British Medical Journal*, vol. 287, 24-31 décembre 1983, p. 1961.

CHAROGNARD DES EAUX BOUEUSES

Emily Cockayne, *Hubbub: Filth, Noise and Stench in England*, Yale University Press, 2007, p. 9-10.

Henry Mayhew, *London Labour and the London Poor*, Penguin, 1985, p. 208-217.

Jean-Pierre Rorive, *La Fascinante Vie quotidienne des Français*, Jourdan, p. 286-288.

Louis-Sébastien Mercier, *Tableau de Paris*, vol. 10, Amsterdam, 1789, p. 63.

CHASSEUR DE NUISIBLES

Allan E. Smith, Diane M. Secoy, « Forerunners of Pesticides in Classical Greece and Rome », *Journal of Agricultural and Food Chemistry*, vol. 23, n° 6, 1975, p. 1050-1055.

Edward of Norwich, *The Master of Game*, University of Pennsylvania Press, 2005, p. 71.

Emily Cockayne, *Hubbub: Filth, Noise and Stench in England*, Yale University Press, 2007, p. 188.

Georges Grison, *Paris horrible et Paris original*, Dentu, Bibliothèque nationale de France, département Philosophie, histoire, sciences de l'homme, 8-Z LE SENNE-11901 (1), 1882, p. 115.

Jean-Pierre Leguay, « La laideur de la rue polluée à la fin du Moyen Age : "Immondicités, fiens et bouillons" accumulés sur les chaussées des villes du royaume de France et des grands fiefs au XVe siècle », *Le Beau et le Laid au Moyen Âge*, Presses universitaires de Provence, 2000.

Nicolas Méra, « Bizarreries et barbaries de la justice médiévale », *Le Fil de l'Histoire*, 15 juillet 2019.

Nicolas Méra, *Les Hasards qui ont fait l'histoire*, Jourdan, 2020, p. 31.

CHASSEURS DE PRÊTRES

Bernard Cottret, *Histoire de l'Angleterre*, Tallandier, « Texto », 2019.

Jessie Child, *God's Traitors: Terror and Faith in Elizabethan England*, Oxford University Press, 2014.

Julie Buvyer, *The Priest Hunters*, The University of British Columbia, 1989.

CHASSEUR DE VAMPIRES

Bruce A. McClelland, *Vampires: A Cultural History of Killing the Dead*, University of Michigan Press, 2006.

Claude Lecouteux, « Qui a peur des vampires ? », *L'Histoire*, n° 240, février 2000.

Hugues Demeude, « L'âge d'or du vampire », *Historia* spécial n° 27, janvier-février 2016.

The St. Charles Herald, 6 septembre 1884.

CHIFFONNIER

Bulletin municipal officiel de la Ville de Paris, 7 février 1884, Bibliothèque nationale de France, p. 190.

Henry Mayhew, *London Labour and the London Poor*, vol. II, 1851, p. 465.

CHIRURGIEN DE BORD

Eolia Dubayle, « La chirurgie navale au XVIIIe siècle : à travers la création de l'école de Rochefort et l'analyse de trois journaux de navigation », *Sciences du vivant* [q-bio], 2017.

Jean Dalat, « Un chirurgien de mer à la fin du XVIIIe siècle », *Revue d'histoire de la pharmacie*, 71e année, n° 259, 1983, p. 275-281.

Odile Gannier, « Délivrés sur ordonnance : les voyages vus à travers les journaux de bord des chirurgiens », *E-rea*, 15 juillet 2014.

Philippe de Ladebat, « Les chirurgiens navigants sur les navires du roi », *Histoire-Généalogie*, 18 février 2016.

CLAQUE

Honoré de Balzac, *Œuvres complètes*, tome 8, « Illusions perdues », éd. Houssiaux, 1874, p. 318.

Suétone, *Vie de Néron*, XX et XLIX, trad. française de M. Cabaret-Dupaty, 1893.

Yann Robert, « La claque et la représentation politique au XIXe siècle », *Romantisme*, vol. 136, nº 2, 2007, p. 121-133.

COLLECTEUR D'URINE

Ann Olga Koloski-Ostrow, *The Archaeology of Sanitation in Roman Italy: Toilets, Sewers, and Water Systems*, University of North Carolina Press, 2015.

Lettres choisies de Madame de Sévigné, lettre 60, 18 septembre 1684.

Louis-Marie Prudhomme, *Voyage descriptif et philosophique de l'ancien et du nouveau Paris*, tome premier, 1814, p. 95.

Martial, *Épigrammes*, Garnier frères, 1864, livre VI, 93.

Suétone, *Vie de Vespasien*, XXIII, 5, trad. française de M. Cabaret-Dupaty, Paris, 1893.

Tony Robinson, *The Worst Jobs in History*, Pan Books, p. 70.

CORBEAU

Grégoire de Tours, *Histoire des Francs*, trad. de François Guizot, 1823, p. 82.

Jean-Pierre Rorive, *La Fascinante Vie quotidienne des Français*, Jourdan, p. 62.

Michel Signoli, *La Peste noire*, PUF, 2018, p. 92-93.

Tony Robinson, *The Worst Jobs in History*, Pan Books, p. 121.

William Naphy, Andrew Spicer, *La Peste noire (1345-1730) : Grandes peurs et épidémies*, Autrement, 2003, p. 29 et 79.

COUREUR DE BOIS

Gilles Havard, *Histoire des coureurs de bois, Amérique du Nord (1600-1840)*, Les Indes Savantes, 2016.

Louise Dechêne, *Habitants and Merchants in Seventeenth-Century Montreal*, McGill-Queen's University Press, 1992, p. 122-123.

Serge Gagnon, *Quebec and its Historians, 1840 to 1920*, Harvest House, 1982.

CRIEUR DES MORTS

Arina Makarova, « La fonction sociale de la rubrique nécrologique. L'annonce de décès à travers la presse des XVIIIe- XIXe siècles », *Hypothèses*, 2007/1 (10), p. 113-121.

Chronique de Mathieu d'Escouchy, tome second, Paris, 1863, p. 428.

Colette Beaune, « Mourir noblement à la fin du Moyen Âge », *Actes des congrès de la Société des historiens médiévistes de l'enseignement supérieur public*, 6e congrès, Strasbourg, 1975, *La Mort au Moyen Âge*, p. 125-144.

Danièle Alexandre-Bidon, Cécile Treffort, *À réveiller les morts : la mort au quotidien dans l'Occident médiéval*, Presses universitaires de Lyon, 1993.

Didier Lett, Nicolas Offenstadt, *Haro ! Noël ! Oyé ! Pratiques du cri au Moyen Âge*, Publications de la Sorbonne, 2013, p. 21.

Hervé Martin, *Mentalités médiévales*, tome 2, *Représentations collectives du XIe au XVe siècle*, Presses universitaires de France, « Nouvelle Clio », 2001, p. 45-89.

Juliette Aubrun, Catherine Bruant, Laura Kendrick, Catherine Lavandier, Nathalie Simmonot (dir.), *Silences et bruits du Moyen Âge à nos jours*, L'Harmattan, 2015.

Karin Eltschi, « Oui ou non, les morts font-ils du bruit ? », *Les Paysages sonores. Du Moyen Âge à la Renaissance*, Presses universitaires de Rennes, 2016.

Murielle Gaude-Ferragu, *D'or et de cendres : la mort et les funérailles des princes dans le royaume de France au bas Moyen Âge*, Presses universitaires du Septentrion, 2005, p. 107.

Nicolas Boileau, *Les Métiers et corporations de la ville de Paris : XIIIe siècle*, Bibliothèque nationale de France, département Philosophie, histoire, sciences de l'homme, FOL-Lk7-12596 (12), 1879, p. 21

Yves-Marie Bercé, *La Vie Quotidienne dans l'Aquitaine du XVIIe siècle*, Hachette, 1978, p. 239-264.

DÉCROTTEUR

Théophile Gautier, *Voyage en Espagne*, Charpentier, 1859, p. 95.

DRAVEUR

Canadian Studies, Issues 22-25, 1987, p. 25.

ÉCUYER

Claude Gauvard, Alain de Libera, Michel Zink (dir.), *Dictionnaire du Moyen Âge*, Presses universitaires de France, 2002, p. 463-464.

Jean-Alexandre Buchon, *Chronique métrique de Godefroy de Paris*, Verdière, v. 378, 1828, p. 15.

Marion Bernard, « L'organisation du travail des armuriers parisiens, entre réglementation et réalité(s) de terrain », XIIIe, *Médiévales*, n° 69, 2015, p. 49-69.

Philippe de Novare, *Les Quatre Âges de l'homme*, LEN, 2017, cité par Didier Chirat, *Surprenant Moyen Âge*, Larousse, 2020, p. 213.

Raymond Lulle, *Livre de l'ordre de chevalerie*, La Différence, 1991.

Robert Fossier (dir.), *The Cambridge Illustrated History of the Middle Ages: 950-1250*, Cambridge University Press, 1997, p. 380.

Roland Thomas Richardson, *The Medieval Inventories of the Tower Armouries (1320-1410)*, University of York, novembre 2012, p. 56.

Steve Tibble, *The Crusader Armies: 1099-1187*, Yale University Press, 2018.

ENFANT PERDU

Encyclopaedia Britannica, 11e édition, 1911.
François-René de Chateaubriand, *Œuvres complètes*, vol. 5, Desrez, Lefèvre, 1837, p. 9.
Histoire de l'esprit révolutionnaire des nobles en France, tome premier, Baudoin frères, 1818, p. 93.

ERMITE DE JARDIN

Don Boivin, « No Garden-Variety Hermit », *The Thoreau Society Bulletin*, n° 296, 2017, p. 4-5.
Edith Sitwell, *The English Eccentrics*, Faber & Faber, 1933, p. 49.
Gordon Campbell, *The Hermit in the Garden : From Imperial Rome to Ornamental Gnome*, Oxford University Press, 2013.
Jacques Delille, *Les Jardins* (1782), Levrault, 1803, chant II, p. 46, cité par Sophie Lefay, « Ermitages et ermites de jardin », XVIIIe siècle, 2016/1 (n° 48), p. 167-180.
London Courier, 11 janvier 1810.
Ralph Dutton, *The English Country House*, Londres, 1935, p. 108, cité par Maurice Levy dans *Le Roman « gothique » anglais 1764-1824*, Albin Michel, 1995.

EXÉCUTEUR

« Comptes rendus », *Histoire de la justice*, 2011/1 (n° 21), p. 249-267.
« Loi. Code Pénal. Donnée à Paris le 6 octobre 1791 », Bibliothèque nationale de France, département Droit, économie, politique, F-18455.
Alain Belmont, « Un bourreau fortuné : Claude-Antoine Chrétien (1767-1849), de Chalon-sur-Saône à Villeurbanne », *Revue d'histoire moderne & contemporaine*, 2018/4 (n° 65-4), p. 112-143.

Arthur Isak Applbaum, « Professional Detachment: The Executioner of Paris », *Harvard Law Review*, vol. 109, n° 2, 1995, p. 458-486.
Cesare Beccaria, *Des délits et des peines*, Brière, 1822, p. 110.
Frédéric Armand, *Les Bourreaux en France. Du Moyen Âge à l'abolition de la peine de mort*, Perrin, 2012.
Henri-Clément Sanson, *Sept générations d'exécuteurs : mémoires des Sanson*, Dupray de la Mahérie et Cie., 1862.
Jacques Delarue, *Le Métier de bourreau : du Moyen Âge à aujourd'hui*, Fayard, 1979.
Luigi Delia, « Lumières sur l'abolition universelle de la peine de mort : Derrida lecteur de Beccaria et de Kant », *Rue Descartes*, 2018/1 (n° 93), p. 85-101.
Paul Friedland, *Seeing Justice Done: The Age of Spectacular Capital Punishment in France*, University of Oxford, 2012.
Philippe Astruc, Éric Ghérardi, *L'Abolition de la peine capitale en France*, Armand Colin, 2011, p. 12-28.

EXORCISTE

George Minois, *Le Diable*, PUF, 1998, p. 59 et 74.
La Revue de Paris, 1er mars 1907, Bibliothèque nationale de France, p. 152-153.
Patrick Sbalchiero, *Enquête sur les exorcismes. Une histoire du diable*, Perrin, 2018
Yves-Marie Bercé, *Esprits et démons. Histoire des phénomènes d'hystérie collective*, Vuibert, 2018.

FABRICANTE D'ALLUMETTES

Joseph Needham, *Science and Civilisation in China*, Cambridge University Press, 1962, p. 70.
Lowell J. Satre, « After the Match Girls' Strike: Bryant and May in the 1890s », *Victorian Studies*, vol. 26, n° 1, 1982, p. 9.

FAISEUSE D'ANGES

Apocalypse de Pierre, Fragments, B 26, traduction et notes par M. James, 1924.

Bernard Pouderon, « L'interdiction de l'avortement dans les premiers siècles de l'Église », *Revue d'histoire et de philosophie religieuses*, 87e année, n° 1, janvier-mars 2007, p. 58-59.

Émilie Zanone, « De l'attente du jugement divin aux bûchers : le stéréotype de la sorcière dans la prédication en langue vulgaire de Bernardin de Sienne », *Cahiers d'études italiennes*, 15, 2012, p. 67-97.

Etienne Van De Walle, « Pour une histoire démographique de l'avortement », *Population*, 53e année, n° 1-2, 1998, p. 282.

Jean-Louis Beaucarnot, *Comment vivaient nos ancêtres ? De leurs coutumes à nos habitudes*, Lattès, 2006, p. 143.

Jean-Pierre Leguay, *L'Air et le Vent au Moyen Âge*, Presses universitaires de Rennes, 2011, p. 291-315.

Jean-Yves Le Naour, Catherine Valenti, *Histoire de l'avortement (XIXe-XXe siècles)*, Seuil, 2003.

Louise Bourgeois, *Observations diverses sur la stérilité, perte de fruict, fécondité, accouchements et maladies des femmes et enfants nouveau-nés*, 1609, p. 32.

Nigel Wilson, *Encyclopedia of Ancient Greece*, Routledge, 2006, p. 1.

Platon, *Théétète*, Œuvres de Platon traduites par Victor Cousin, tome deuxième, Bossange, 1824, p. 56.

FALOT

Samuel Pepys, *The Diary of Samuel Pepys*, George Bell & Sons, 1893. On trouve des mentions de « link-boys » en dates du 10 décembre 1663, du 14 mars 1664 ou du 5 février 1667.

The Globe, édition du 6 décembre 1894, p. 1.

Victor Hugo, *Œuvres dramatiques complètes*, J.-J. Pauvert, 1963, p. 1609.

FAUX-MONNAYEUR

David Wellman, *The End of Money*, Da Capo Press, 2012.

Gérard Béaur, Hubert Bonin, Claire Lemercier (dir.), *Fraude, contrefaçon, contrebande de l'Antiquité à nos jours*, Droz, 2007.

Jack Weatherford, *The History of Money*, Three Rivers Press, 1997.

Nicolas Méra, « Saint Louis. La foi et l'ordre », *La Marche de l'Histoire*, n° 34, octobre-décembre 2020.

Olivier Caporossi, « Figures de faux-monnayeurs du Moyen Âge à nos jours », *Criminocorpus*, 13 novembre 2011.

Olivier Caporossi, Bernard Traimond (dir.), *La Fabrique du faux monétaire du Moyen Âge à nos jours*, Méridiennes, 2012.

Patrice Baubeau, Arnaud Manas, « Fausse monnaie et vraie expertise », *L'Histoire*, n° 495, mai 2022.

Sharon Ann Murphy, *Other People's Money: How Banking Worked in the Early American Republic*, Johns Hopkins University Press, 2017.

FOULON

Francis Concato, « La technique drapière en Normandie à la fin du Moyen Âge (XIVe-XVe siècles) », *Annales de Normandie*, 25e année, n° 2, 1975, p. 88-89.

Jacques Savary des Brûlons, *Dictionnaire universel de commerce, d'histoire naturelle et des arts et métiers*, 6e édition, tome second, Cramer & Claude Philibert, 1750, p. 544-546.

Paul Lafargue, « Les luttes de classes en Flandre de 1336-1348 », *L'Égalité*, 22 janvier 1882.

Pline l'Ancien, *Histoire Naturelle*, livre XXVIII, 18, 2, tome second, Dubochet, 1850.

René de Lespinasse, *Les Métiers et corporations de la ville de Paris : XIVe-XVIIIe siècles*, 1897, Ville de Paris/ Bibliothèque historique, BHVP, 2008-227441, p. 252.

Révolte et société : Actes du IVe *colloque d'histoire au présent*, tome II, Publications de la Sorbonne, 1988, p. 46.
Sophie Cassagnes-Brouquet, *Les Métiers au Moyen-Âge*, Ouest France, 2010.

FURIE DE GUILLOTINE

Christophe Regina, *La Violence des femmes. Histoire d'un tabou social*, Max Milo, 2011.
Dominique Godineau, « Histoire sociale, histoire culturelle, histoire politique : la question du droit de cité des femmes », *La Révolution française au carrefour des recherches*, Presses universitaires de Provence, 2003.
M. de Proussinalle, *Histoire secrète du tribunal révolutionnaire*, vol. 1, Lerouge, 1815, p. 42.
Marcel Lidove, « Les femmes et la Révolution Française », *L'Histoire*, n° 29, décembre 1980.
Rapport de police du 26 pluviôse, an II, tiré des Archives Nationales, série W, 191, cité par Hector Fleishmann, *La Guillotine en 1793*, Librairie des Publications Modernes, Bibliothèque municipale de Lyon, 2010-28272, 1908, p. 151.
Sir Paul Robert, *Les Mystères du Palais-Royal*, tome II, Le Clère, Bibliothèque nationale de France, département Littérature et art, Y2-63151, 1845, p. 168.

GADOUARD

Emily Cockayne, *Hubbub: Filth, Noise and Stench in England*, Yale University Press, 2007, p. 242
Pierre Richelet, *Nouveau dictionnaire francois contenant généralement tous les mots anciens et modernes*, tome premier, Jean Elzevir, 1709, p. 568.
Roger-Henri Guerrand, *Les Lieux. Histoire des commodités*, La Découverte, 2009, p. 12-27.
William Buchan, *Médecine domestique ou traité complet des moyens de se conserver en santé, de guérir et de prévenir*

les maladies, par le régime et les remèdes simples, tome quatrième, Desoer, 1792, p. 450-451.

GALÉRIEN

André Zysberg, « Le langage des galères de France à l'âge classique 1660-1750 », *Ethnologie Française*, vol. 9, n° 3, 1979, p. 261.
Elizabeth Horodowich, *A Brief History of Venice*, Constable & Robinson, 2009.
Frédéric C. Lane, « Salaires et régime alimentaire des marins au début du XIVe siècle », *Annales. Economies, sociétés, civilisations*, 18e année, n° 1, 1963, p. 133-138.
George Grant, Angus Konstam, Leo Marriott, *Warships: From the Galley to the Present Day*, Gramercy Books, 2001.
Gerbert Rambaud, *La France et l'islam au fil de l'histoire : quinze siècles de relations tumultueuses*, Éditions du Rocher, 2017.
Henry Méchoulan, Joël Cornette, *L'État classique : regards sur la pensée politique de la France dans le second* XVIIe siècle, Vrin, 1996, p. 324-325.
Jean Marteilhe, *Mémoires d'un protestant condamné aux galères de France pour cause de religion* (1757), cité par Georges Vigarello, *Histoire de la fatigue du Moyen Âge à nos jours*, Seuil, 2020, p. 65-66.
Jean-Jacques Hermandiquer, « À propos de l'alimentation des marins », *Annales Économies, sociétés, civilisations*, 18e année, n° 6, 1963, p. 1141-1150.
Jurien de La Gravière, « La fin d'une grande marine », *Revue des Deux Mondes*, 3e période, tome 67, 1885, p. 772 et 789.
René Burlet, Jean Carrière, André Zysberg, « Mais comment pouvait-on ramer sur les galères du Roi-Soleil ? », *Histoire & Mesure*, 1986, vol. 1, n° 3-4, p. 148.

GARÇON DE FESSÉE

Anonyme, *Le cento novelle antiche, secondo l'edizione del 1525 corrette ed illustrate con note*, Rusconi, 1825, XLVIII, p. 68.
Gaston Maugras, *Le Duc de Lauzun et la cour intime de Louis XV*, 2e édition, Plon, 1907, p. 286.
Marie du Deffand, *Lettres de la marquise du Deffand à Horace Walpole*, vol. 1, Treuttel et Wurtz, 1812, p. 348.
Proverbes, 23:13.
T. F. Thiselton-Dyer, *Royalty in All Ages: the Amusements, Eccentricities, Accomplishments, Superstitions, and Frolics of the Kings and Queens of Europe*, John C. Nimmo, 1903, p. 306.

GARDIEN DE PHARE

Jean-Christophe Fichou, *Gardiens de phares : 1798-1939*, Presses universitaires de Rennes, 2002.
Le Petit Marseillais, 6 mars 1913, p. 1.
Pline l'Ancien, *Histoire Naturelle*, livre II, 72, 1.

GLADIATEUR

Anne Bernet, *Histoire des gladiateurs*, Tallandier, « Texto », 2014.
Clément Bur, « De la dignité à la célébrité. Les aristocrates acteurs et gladiateurs de César à Tibère », *Hypothèses*, 2012/1 (15), p. 97-113.
Éric Teyssier, *Les Secrets de la Rome antique*, Perrin, 2015.
Julius Capitolinus, *Histoire Auguste*, tome troisième, trad. nouvelle par M. Valton, Panckoucke, 1844-1847, Bibliothèque nationale de France, département Littérature et art, Z-18925, p. 71.
Juvénal, *Satires*, X, trad. par Louis-Vincent Raoul, Wouters, Raspoet et Cie., 1842, p. 247.
Martial, *Épigrammes*, livre VII, 37, extrait des œuvres complètes de M. V. Martial, trad. de MM. V. Verger, N.-A. Dubois et J. Mangeart, Garnier frères, 1864.

Matthieu Soler, « Les corps des acteurs de l'arène : du rapport sensuel à l'objectivation », *Gaia : revue interdisciplinaire sur la Grèce Archaïque*, n° 20, 2017, p. 123-140.
Paul Mattei, « Spectacles des derniers temps. Tertullien, De Spectaculis 30. Texte et traduction. Commentaire », *Vita Latina*, n° 187-188, 2013, p. 284.
Paul Veyne, « Les gladiateurs ou la mort en spectacle », *L'Histoire*, n° 290, septembre 2004.
Sénèque, *De la providence*, trad. de J. Baillard, 1914, chap. IV.

GOÛTEUR

Alisha Rankin, *The Poison Trials: Wonder Drugs, Experiment, and the Battle for Authority in Renaissance Science*, University of Chicago Press, 2021, p. 43.
Franck Collard, *Le Crime de poison au Moyen Âge*, PUF, Paris, 2015.
Ligaya Mishan, « A Taste Before Dying », *New York Times Magazine*, 11 novembre 2018, p. 109.
Richard Warner, *Antiquitates Culinariæ or Curious Tracts Relating to the Culinary Affairs of the Old English*, 1791, p. 102
Tacite, *Annales*, livre XIII, chap. XVI, d'après F. Doudinot de la Boissière, *Tacite. Œuvres choisies avec Bibliographie, Études historiques et littéraires, Notes, Grammaire et Illustrations complémentaires*, Hatier, 2e édition, 1932, p. 207-267.
Werner Eck, « Praegustator », *Brill's New Pauly*, Antiquity Volumes.

HERCHEUR

Édouard Grar, *Histoire de la recherche, de la découverte et de l'exploitation de la houille dans le Hainaut français, dans la Flandre française et dans l'Artois*, 1716-1791, Valenciennes, 1847, tome II, p. 203-204, cité par Philippe Guignet, « Des houillères d'Anzin et de leur exploitation par M. d'Aubuisson (1805) », *Revue du Nord*, 2009/1 (n° 379), p. 165-176.

LOUEUR D'ENFANTS

Georges Berry, *Les Petits Martyrs. Mendiants et prostituées*, Charpentier et Fasquelle, 1892.

Guy Tomel, Henry Rollet, *Les Enfants en prison : études anecdotiques sur l'enfance criminelle*, Bibliothèque nationale de France, département Philosophie, histoire, sciences de l'homme, 8-R-10664, 1891.

Julien Arbois, *Petite histoire des métiers d'autrefois*, City, 2014.

LOUEUR DE VIANDES

Alexandre Privat d'Anglemont, *Paris anecdote*, Delahays, 1860, p. 46.

LOUVETIER

Grégory Quenet, *Versailles, une histoire naturelle*, La Découverte, 2015, p. 101-130.

Jean-Marc Moriceau, *Histoire du méchant loup : 3 000 attaques sur l'homme en France (XVe-XXe siècles)*, Fayard, 2007.

Journal d'un bourgeois de Paris (1405-1449), éd. A. Tuetey, H. Champion, 1881.

Pierre-Joseph d'Orléans, *Histoire des révolutions d'Angleterre, depuis le commencement de la monarchie jusqu'à présent*, tome premier, Mortier, 1714, p. 34.

Xavier Halard, « Le loup aux XIVe et XVIe siècles en Normandie », *Annales de Normandie*, 33e année, n° 3, 1983, p. 189-197.

MANGEUR DE PÉCHÉS

Encyclopaedia Britannica, 11e édition, 1911, vol. 25, « sin-eater ».

Lévithique, 16, 21 : « Il posera ses deux mains sur la tête du bouc vivant et il prononcera sur celui-ci tous les péchés des fils d'Israël, toutes leurs transgressions et toutes leurs fautes ; il en chargera la tête du bouc, et il le remettra à un homme préposé qui l'emmènera au désert. »
Ruth Richardson, *Death, Dissection and the Destitute*, 2ᵉ édition, University of Chicago Press, 2000, p. 9.
W. Carew Hazlitt, *Faiths and Folklore: Dictionary of National Beliefs, Superstitions and Popular Customs*, vol. 2, Reeves and Turner, 1905, p. 550-551.

MARCHANDE D'ARLEQUINS

Le Petit Français illustré, Armand Colin, 1895, Bibliothèque nationale de France, département Littérature et art, 4-Z-575, p. 318-319.

MÉGOTIER

Georges Grison, *Paris horrible et Paris original*, Dentu, 1882, Bibliothèque nationale de France, département Philosophie, histoire, sciences de l'homme, 8-Z LE SENNE-11901 (1), p. 114.
Tony Robinson, *The Worst Jobs in History*, Pan Books, p. 185.

MESSAGER

Antoine Destemberg, « Acteurs et espaces de la renommée universitaire. Jalons pour une histoire des messagers de l'université de Paris à la fin du Moyen Âge », *Revue historique*, 2016/2 (n° 678), p. 3-32.
Arthur Hecht, *Technology and Culture*, vol. 11, n° 4, 1970, p. 640-641.
Camille Allaz, *Histoire de la poste dans le monde*, Pygmalion, 2013.
Henri Simonneau, « Le cri du héraut, la clameur de la foule et la conception aristocratique de la justice médiévale »,

Clameur publique et émotions judiciaires. De l'Antiquité à nos jours, Presses universitaires de Rennes, 2013.
Hérodote, *Histoires*, livre VII, 123, Charpentier, 1850, p. 127.
Michel Mollat du Jourdin, *La Guerre de Cent Ans vue par ceux qui l'ont vécue*, Seuil, 1992, p. 12-13.
Plutarque, *Les Vies des hommes illustres*, Vie de Lucullus, 36, Didier, 1844.
Plutarque, *Œuvres Morales*, tome II, Charpentier, 1844, p. 214.
Venetia Murray, *An Elegant Madness: High Society in Regency England*, Penguin, 2000.

MOINE COPISTE

Apicius, *Cookery and Dining in Imperial Rome*, trad. de Joseph Dommers Vehling, Dover Publications, 1977, p. 301.
Benoît de Nursie, *Règle de Saint Benoît, traduction par un moine bénédictin* (1689), Rusand, 1824, p. 182.
Carroll C. Calkins, *The Story of America*, The Reader's Digest Association, 1975, p. 362.
Charlotte Denoël, Kathleen Doyle, *Enluminures médiévales*, BnF éditions, 2018.
Michael Camille, *Image on the Edge: The Margins of Medieval Art*, Reaktion Books, 1992.
Paul Géhin (dir.), *Lire le manuscrit médiéval*, Armand Colin, 2005.
Pierre Gasnault, « Les mentions initiales des copistes médiévaux », *Bulletin de la Société nationale des antiquaires de France*, 1985, 1987, p. 91-92.
Robert Fossier, *Ces gens du Moyen Âge*, 2007, Fayard, p. 131.

MOONSHINER

Alice Louise Kassens, *Intemperate Spirits: Economic Adaptation during Prohibition*, Springer, 2019.

Edward Behr, *Prohibition : Thirteen Years that Changed America*, Skyhorse, 1996.

Emelie K. Peine, Kai A. Schafft, « Moonshine, Mountaineers, and Modernity: Distilling Cultural History in the Southern Appalachian Mountains », *Journal of Appalachian Studies*, vol. 18, n° 1/2, 2012, p. 93-112.

Enric Ucelay-Da Cal, « Prohibition : quand l'alcool était banni des États-Unis », *Histoire & Civilisations*, 10 février 2021.

Joan Stoltman, *Prohibition. Social Movement and Controversial Amendment*, Lucent Press, 2019.

Nicolas Méra, « Croisières de la picole, vin de messe et whisky médicinal : comment les Américains ont contourné la Prohibition », *Slate*, 31 décembre 2023.

MUET FUNÈBRE

Charles Dickens, *Life And Adventures of Martin Chuzzlewit*, Chapman & Hall, 1843, chap. 19.

NAIN DE COUR

Betty M. Adelson, *The Lives of Dwarves: Their Journey From Public Curiosity to Social Liberation*, Rutgers University Press, 2005, p. 4-31.

Hélène Tropé, « Nains et bouffons à la cour des Habsbourg d'Espagne aux XVIe et XVIIe siècles », *Bulletin hispanique*, 116-1, 2014, p. 73-105.

Paul Moreau, *Fous et bouffons : étude physiologique, psychologique et historique*, 2e édition, Baillière, 1888.

Tallemant des Réaux, *Les Historiettes de Tallemant des Réaux. Mémoires pour servir à l'histoire du XVIIe siècle*, par M. Nonmerqué, seconde édition, H.-L. Delloye, 1840, p. 145.

ORACLE

Bernard de Fontenelle, *Histoire des oracles*, nouvelle édition, Brunet, 1713.

Gérald Bronner, « Pourquoi François Mitterrand voyait-il Elizabeth Tessier ? », *Revue des Deux Mondes*, mai 2014, p. 134-135.

Hérodote, *Histoire*, livre I, LIII, trad. du grec par Larcher, Charpentier, 1850.

Plutarque, « Sur les sanctuaires dont les oracles ont cessé », 51, extraites des *Œuvres Morales*, trad. du grec par Ricard, Lefèvre/Charpentier, 1844.

Suétone, *Vie des douze Césars*, Vie de Domitien, VIII, 4, trad. française de M. Cabaret-Dupaty, Paris, 1893.

ORPAILLEUR

Annick Foucrier, « La ruée vers l'or », *L'Histoire*, n° 194, décembre 1995.

J. S. Holiday, *The World Rushed In: The California Gold Rush experience*, University of Oklahoma Press, 2002, p. 35.

Nicolas Méra, *Les Hasards qui ont fait l'histoire*, Jourdan, 2020.

Philippe Jacquin, *La Vie des pionniers au temps de la conquête de l'Ouest*, Larousse, 2002, p. 146.

Philippe Jacquin, *Vers l'Ouest, un nouveau monde*, Gallimard, 1987, p. 72.

PÊCHEUR DE SANGSUES

F. Sanagustin « La chirurgie dans le canon de la médecine (“*Al-Qânûn Fi-ṭ-Ṭibb*”) d'Avicenne (“*Ibn Sînâ*”) », *Arabica*, vol. 33, n° 1, 1986, p. 92-93.

Gérard Boutet, *Paroles de nos anciens : les gagne-misère*, 1920-1960, Omnibus, 2013, p. 546.

Gerry Greenstone, « The History of Bloodletting », *British Columbia Medical Journal*, vol. 52, janvier/février 2010, p. 12-14.

Guy de Chauliac, *Chirurgia Magna (La grande vhirurgie)*, nouvelle trad. de Simon Mingelousaulx, tome premier, Laurent D'Houry, 1683, p. 22.
Jean-Pierre Rorive, *La Fascinante Vie quotidienne des Français*, Jourdan, p. 379.
William Wordsworth, *Choix de poésies*, trad. en vers par Émile Legouis, 1928, Bibliothèque nationale de France, département Littérature et art, 8-YK-1828, p. 166.

PHRÉNOLOGISTE

Marc Renneville, « Science ou élucubrations ? La bosse du crime », *L'Histoire*, n° 287, mai 2004.
Marc Renneville, *Crime et folie. Deux siècles d'enquêtes médicales et judiciaires*, Fayard, 2003.
Marc Renneville, *Le Langage des crânes. Histoire de la phrénologie*, La Découverte, 2020.
Matteo Dalena, « Cesare Lombroso, le théoricien de la criminalité », *Histoire & Civilisations*, 7 octobre 2021.
Paul Topinard, *L'Homme dans la nature*, Félix Alcan, 1891, p. 138.
Le Figaro, 28 août 1833, p. 2.

PLEUREUSE

Cicéron, *Tusculanes*, livre III, XXVI, extrait des *Œuvres complètes de Cicéron avec la traduction en français* publiée sous la direction de M. Nisard, tome quatrième, Firmin Didot, 1869.
Denis Diderot, Jean le Rond d'Alembert, *L'Encyclopédie*, 1re édition, tome 12, article « Pleureuse » par Louis de Jaucourt, 1751, p. 765-766.
Jean-Luc Laffont, « Les pleureuses et crieuses d'enterrements dans la France méridionale », *Études sur la mort*, 2013/2 (n° 144).
Plutarque, *Les Vies des hommes illustres*, trad. de D. Ricard, Vie de Solon, XXIX, Didier, 1844, p. 251.

Sterbenc Erker Darja, « Voix dangereuses et force des larmes : le deuil féminin dans la Rome antique », *Revue de l'histoire des religions*, tome 221, n° 3, 2004, p. 267-268.

Sue et Susan Blundell, *Women in Ancient Greece*, Harvard University Press, 1995.

William Smith, *A Dictionary of Greek and Roman Antiquities*, John Murray, 1875, p. 558.

PORTE-COTON

Pierre-Denis Boudriot, « Essai sur l'ordure en milieu urbain à l'époque préindustrielle. Boues, immondices et gadoue à Paris au XVIIIe siècle », *Histoire, Économie et Société*, vol. 5, n° 4, 1986, p. 523.

Roger-Henri Guerrand, *Les Lieux. Histoire des commodités*, La Découverte, 2009, p. 12-45.

Tony Robinson, *The Worst Jobs in History*, Pan Books, p. 86.

PORTEUR

Anonyme, *Les Lois de la galanterie*, origin. 1644, Aubry, 1855, p. 9-10.

Grégoire de Tours, *Histoire des Francs*, livre II, p. 121-122, extrait de M. Guizot, *Collection de Mémoires relatifs à l'histoire de France*, Brière, 1823.

Paul Scarron, *Œuvres de Scarron*, vol. 7, Jean-François Bastien, 1786, p. 235.

Tony Robinson, *The Worst Jobs in History*, Pan Books, p. 109.

PUNKAWALLAH

Edward B. Eastwick, *A Handbook for India*, part II, John Murray, 1859, p. 480-486.

Henry D. Baker, *British India with Notes on Ceylon, Afghanistan, and Tibet*, Government Printing Office, 1915, p. 88.

Hugh Chisholm (éd.), *Encyclopædia Britannica*, 11e édition, Cambridge University Press, 1911, p. 657.
Kaushik Patowary, « Punkah: The Hand Operated Ceiling Fans of Colonial India », *Amusing Planet*, 4 septembre 2019.
Meher Mirza, « The British Couldn't Take India's Heat, So They Imported Ice From New England », *Atlas Obscura*, 12 septembre 2018.

RADAR HUMAIN

Jacopo Prisco, « The 20th century "war tubas" used to spot warplanes before radar », *CNN*, 7 décembre 2018.
Meg Miller, « The Concrete "Sound Mirrors" That Influenced WWII, Science, And Design », *Fast Company*, 9 août 2017.
TIME Magazine, 22 juin 1942, p. 31.

RADIUM GIRL

Audrey Millet, « Crème Tho-Radia : la beauté radioactive », *L'Histoire*, 17 décembre 2020.
Kate Moore, *The Radium Girls*, Simon & Schuster, 2016.

RECLUSE

Alain Tallon, Catherine Vincent (dir.), *Histoire du christianisme en France*, Armand Colin, 2014.
Julie Pilorget, « Recherche de la paix intérieure et réclusion féminine : l'exemple d'Amiens à la fin du Moyen Âge », *Questes*, 26, 2013.
Paulette L'Hermite-Leclercq, « La vie quotidienne des recluses », *L'Histoire*, n° 126, octobre 1989.
Titiou Lecoq, *Les Grandes Oubliées. Pourquoi l'histoire a effacé les femmes*, L'Iconoclaste, 2021.

RENIFLEUR DE CAFÉ

Jonathan Morris, *Coffee: A Global History*, Reaktion Books, 2019.

Łukasz Kamieński, *Shooting Up: A Short History of Drugs and War*, Oxford University Press, 2016, p. 21.

Nina Luttinger, Gregory Dicum, *The Coffee Book*, The New Press, 1999.

Robert Liberles, *Jews Welcome Coffee: Tradition and Innovation in Early Modern Germany*, Brandeis University Press, 2012.

Stewart Lee Allen, *The Devil's Cup: A History of the World According to Coffee*, Soho Press, 1999.

RÉVEILLEUR

Georges Grison, *Paris horrible et Paris original*, Dentu, 1882, Bibliothèque nationale de France, département Philosophie, histoire, sciences de l'homme, 8-Z LE SENNE-11901 (1), p. 116.

Sitala Peek, « Knocker Uppers: Waking up the Workers in Industrial Britain », *BBC News*, 27 mars 2016.

SCIEUR DE LONG

Alexandre Babouche, *Les Curieux Secrets des arts et métiers*, Ad Mame et Cie., 1851, p. 68.

Denis Diderot, Jean Le Rond d'Alembert, *L'Encyclopédie ou dictionnaire raisonné des sciences, des arts et des métiers*, article « Scieur, (Artisan) » par Louis de Jaucourt, vol. XIV (1765), p. 793b-794a.

Georges Bertheau, *Vieux métiers à la campagne*, A Contrario, 2005.

Gérard Boutet, *Les Forestiers, vieux métiers des taillis et des futaies*, Jean-Cyrille Godefroy, 1997.

SINGE À POUDRE

Frédéric Chauvaud, *Histoires de la souffrance sociale : XVIIe-XXe siècles*, Presses universitaires de Rennes, 2007, p. 77-86.

Noel Mostert, *The Line Upon A Wind: The Greatest War Fought at Sea under Sail (1793-1815)*, Vintage Books, 2008, p. 270.

Revue Maritime, tome 148, janvier/mars 1901, Bibliothèque nationale de France, p. 71-73.

Tony Robinson, *The Worst Jobs in History*, Pan Books, p. 163.

SONNEUR

A.C. Lamont, N.J. London, « Bell Ringers' Bruises and Broken Bones: Capers and Crises in Campanology », *British Medical Journal*, 22-29 décembre 1990, p. 1415-1419.

I. Bernard Cohen, *Benjamin Franklin's Science*, Harvard University Press, 1990, p. 119.

Jean-Louis Beaucarnot, *Comment vivaient nos ancêtres ? De leurs coutumes à nos habitudes*, Lattès, 2006, p. 223.

Le Petit Journal, 11 septembre 1910, nº 1034, Bibliothèque nationale de France, p. 2.

Michael Brian Schiffer, *Draw the Lightning Down: Benjamin Franklin and Electrical Technology in the Age of Enlightenment*, University of California Press, 2003, p. 186-187.

TANNEUR

C. Guignard, *L'Hygiène des tanneurs : étude d'hygiène professionnelle*, Henry, 1879, Bibliothèque nationale de France, département Sciences et techniques, 8-TC37-63, p. 12-13.

Cédric Perrin, « Le développement durable en perspective historique : l'exemple des tanneries », *L'Homme et la société*, L'Harmattan, 2014, p. 37-55.

Emily Cockayne, *Hubbub: Filth, Noise and Stench in England*, Yale University Press, 2007, p. 211.
François-Olivier Touati, « Un mal qui répand la terreur ? Espace urbain, maladie et épidémies au Moyen Âge », *Histoire urbaine*, 2000/2 (n° 2), p. 9-38.
Jean-Pierre Leguay, *Chapitre 3. Le « maulvès her », L'air et le vent au Moyen Âge*, Presses universitaires de Rennes, 2011.
Jérôme de la Lande, *Art du tanneur*, Saillant & Nyon, 1761, Bibliothèque nationale de France, département Réserve des livres rares, V-3998, p. 98.
Philibert Patissier, *Traité des maladies des artisans d'après Ramazzini*, Baillière, 1822, p. 143.

TRAQUEUR D'ESCLAVES

Connie Hassett-Walker, « The Racist Roots of American Policing: From Slave Patrols to Traffic Stops », *The Conversation*, 4 juin 2019.
Grégoire Chamayou, *Les Chasses à l'homme*, La Fabrique Éditions, 2010, p. 65-84.
« Le Code noir, ou Édit servant de règlement pour le gouvernement et l'administration de la justice, police, discipline et le commerce des esclaves nègres dans la province et colonie de la Loüisianne », mars 1724, art. 44, Bibliothèque nationale de France, département Droit, économie, politique, F-21096 (30).
Sally E. Hadden, *Slave Patrols: Law and Violence in Virginia and the Carolinas*, Harvard University Press, 2001, p. 71.

VERROTIER

Alain Cardon, « Berck-sur-Mer. Étude urbaine (2e article), Les fonctions et activités urbaines », *Hommes et Terres du Nord*, 1969/1, p. 48.
Alexandre Privat d'Anglemont, *Paris Anecdote*, Delahays, 1876, Bibliothèque nationale de France, département Philosophie, histoire, sciences de l'homme, 8-Z LE SENNE-14047 (1), p. 18-19.

Claude B. Pigoreau, *Nouveau traité de la pêche dans les fleuves et rivières navigables*, Corbet, 1828, Bibliothèque nationale de France, département Sciences et techniques, S-32854, p. 62.

Henry Fountain, « Uncovering the Mystery of the Worm Charmer », *The New York Times*, 17 octobre 2008.

Le Petit Parisien, 23 août 1883, Bibliothèque nationale de France, Gr Fol-Lc2-3850.

VIVANDIÈRE

Bernard A. Cooke (éd.), *Women and War: A Historical Encyclopedia from Antiquity to the Present*, vol. 1, ABC Clio, 2006, p. 632.

Gil Mihaely, « L'effacement de la cantinière ou la virilisation de l'armée française au XIXe siècle », *Revue d'histoire du XIXe siècle*, n° 30, 2005.

Le Petit Journal. Supplément du dimanche, 22 mars 1914, Bibliothèque nationale de France.

Thomas Cardoza, *Intrepid Women: Cantinières and Vivandières of the French Army*, Indiana University Press, 2010.

VOLEUR DE CADAVRES

James Blake Bailey, B. A., *The Diary of a Resurrectionist (1811-1812)*, 1896, p. 31-66.

Le Madagascar. Organe des intérêts politiques et coloniaux de l'île, 8 avril 1893, Bibliothèque nationale de France, département Philosophie, histoire, sciences de l'homme, GR FOL-LC12-432.

Louis-Sébastien Mercier, *Tableau de Paris*, tome 3, 1883, p. 224-225.

Nicolas Méra, « La chasse aux reliques, un commerce peu catholique », *Le Fil de l'Histoire*, 25 juillet 2020.

Rafael Mandressi, *Le Regard de l'anatomiste : dissections et invention du corps en Occident*, Seuil, 2003, chap. « Matière première ».

FSC
www.fsc.org
MIXTE
Papier | Pour une gestion forestière responsable
FSC® C108412

Composition et mise en pages
Nord Compo à Villeneuve-d'Ascq

Imprimé en France par CPI Brodard & Taupin
en août 2024
Dépôt légal : septembre 2024
N° d'impression : 3056668

Cet ouvrage est imprimé sur du papier Novel 55 g FSC